人文社科
高校学术研究论著丛刊

姚晓盈 著

跨文化传播理论研究

中国书籍出版社
China Book Press

图书在版编目 (CIP) 数据

跨文化传播理论研究 / 姚晓盈著 . -- 北京：中国书籍出版社，2019.11
ISBN 978-7-5068-7565-3

Ⅰ.①跨… Ⅱ.①姚… Ⅲ.①文化传播 – 研究 Ⅳ.① G0

中国版本图书馆 CIP 数据核字（2019）第 276248 号

跨文化传播理论研究

姚晓盈　著

丛书策划	谭　鹏　武　斌
责任编辑	尹　浩
责任印制	孙马飞　马　芝
封面设计	东方美迪
出版发行	中国书籍出版社
地　　址	北京市丰台区三路居路 97 号（邮编：100073）
电　　话	（010）52257143（总编室）（010）52257140（发行部）
电子邮箱	eo@chinabp.com.cn
经　　销	全国新华书店
印　　刷	三河市铭浩彩色印装有限公司
开　　本	710 毫米 ×1000 毫米　1/16
印　　张	13.5
字　　数	245 千字
版　　次	2021 年 1 月第 1 版　2021 年 1 月第 1 次印刷
书　　号	ISBN 978-7-5068-7565-3
定　　价	65.00 元

版权所有　翻印必究

目 录

第一章 跨文化传播相关的概念 …………………………… 1
第一节 文化的内涵、特征与要素 …………………………… 1
第二节 传播的内涵、系统与功能 …………………………… 11
第三节 文化与传播的关系 …………………………… 28

第二章 跨文化传播相关研究 …………………………… 31
第一节 跨文化传播的历史脉络 …………………………… 31
第二节 跨文化传播的多学科基础 …………………………… 34
第三节 跨文化传播研究领域的理论 …………………………… 40
第四节 跨文化传播研究的方法及方法论 …………………………… 44

第三章 跨文化传播的研究维度：时间与空间 …………………………… 59
第一节 跨文化传播研究维度之一：时间与文化 …………………………… 59
第二节 跨文化传播研究维度之二：空间与文化 …………………………… 66

第四章 跨文化传播中的语言与非语言符号 …………………………… 86
第一节 符号与符号学 …………………………… 86
第二节 跨文化传播中的语言符号 …………………………… 96
第三节 跨文化传播中的非语言符号 …………………………… 104

第五章 跨文化传播产生的根源 …………………………… 111
第一节 文化差异与文化冲突 …………………………… 111
第二节 文化的观念体系与规范体系 …………………………… 113
第三节 文化认知体系与文化心理 …………………………… 120

第六章　跨文化传播发展的动力 …………………………… 132
第一节　社会互动与人际关系 ………………………………… 132
第二节　文化认同、民族认同与国家认同 …………………… 138
第三节　文化适应与传播能力 ………………………………… 145
第四节　技术、文化与跨文化传播 …………………………… 151

第七章　跨文化传播交流的纽带 …………………………… 160
第一节　自我的内涵与社会构建 ……………………………… 160
第二节　泛进化论与自我 ……………………………………… 164
第三节　组织的跨文化实践 …………………………………… 165

第八章　跨文化传播发展的趋势 …………………………… 171
第一节　文化多样性与多元文化主义 ………………………… 171
第二节　文化对话、文化合作与"文化共同体" …………… 178
第三节　本土的"焦虑"与选择：文化传统与现代化 …… 184
第四节　多元共生与文化融合 ………………………………… 198

参考文献 ……………………………………………………………… 205

第一章 跨文化传播相关的概念

传播、文化和意识相互交织在一起,形成了人们在跨文化传播过程中持有的视角。语言作为一种工具性的存在,是人们理解传播、文化与意识的关键所在。在跨文化传播过程中,传播、文化和意识这三个元素看似独立,实则密切结合为一个整体。本章从文化、传播及其二者之间的关系入手,对跨文化传播进行概述。

第一节 文化的内涵、特征与要素

无论是历史上还是现代社会,人们所说的社会都是全球社会,每一种文化都是将宇宙万物囊括在内的体系,并且将宇宙万物纳入各自的文化版图之中。总体上说,文化会涉及人与社会的关系、人的存在方式等层面。但是,其也包含一些具体的内容,具体如下文所描述。

一、文化的内涵

(一)文化的定义

对于普通人来说,文化是一种平时都可以使用到却不知道的客观存在。对于研究者来说,文化是一种容易被感知到却不容易把握的概念。

关于人们对于文化的定义,最早可以追溯到学者爱德华·泰勒（Edward Burnett Tylor，1871），他这样说道："文化或者文明，是从广泛的名族学意义上来说的，可以归结为一个复合整体，其中包含艺术、知识、法律、习俗等，还包括一个社会成员所习得的一切习惯或能力。"[①] 之后，西方学者对文化的界定都是基于这一定义而来的。

1963年，人类学家艾尔弗雷德·克洛伊伯（Alfred Kroeber）对一些学者关于文化的定义进行总结与整理，提出了较为全面的定义[②]：

（1）文化是由内隐与外显行为模式组成的。

（2）文化的核心是传统的概念与这些概念所具有的价值。

（3）文化体现了人类群体的显著成就。

（4）文化体系不仅是行为的产物，还决定了进一步的行为。

这一定义确定了文化符号的传播手段，并着重强调文化不仅是人类行为的产物，还对人类行为的因素起着决定性作用。同时，其还明确了文化作为价值观的巨大意义，是对泰勒定义的延伸与拓展。

进入20世纪90年代后，很多学者也对文化进行了界定，这里归结为两种：一种是社会结构层面上的文化，指一个社会中起着普遍、长期意义的行为模式与准则；一种是个体行为层面上的文化，指的是对个人习得产生影响的规则。

在跨文化传播视阈下，本书作者认为文化的定义可以等同于2001年由联合国教科文组织发表的《世界文化多样性宣言》中的定义：文化是某个社会、社会群体特有的，融物质、精神、情感等为一体的综合，其不仅涉及文学、艺术，还涉及生活准则、生活方式、传统、价值观等。

这些定义都表明：文化不仅反映的是社会存在，其本身就是一种行为、价值观、社会方式等的解释与整合，是人与自然、社会、自身关系的呈现。

---

① ［英］爱德华·泰勒著，连树声译.原始文化[M].上海：上海文艺出版社，1992：1.
② 转引自傅铿.文化：人类的镜子[M].上海：上海人民出版社，1990：12.

（二）文化的功能

1. 化人功能

文化具有精神属性,这也是区别人与动物的重要方式,文化的这种属性也决定了文化的化人功能,具体体现在两个方面：首先,文化是积极的、先进的,通过文化人们可以愉悦身心、启蒙心智,获得精神上的满足感和幸福感；其次,文化具有理论指导力、舆论向导力等,这些能有效满足人类的需求,成为人类的精神力量,推动着人类不断走向光明。

2. 反向功能

反向功能也是文化的一种重要功能。美国社会学家莫顿(R. K. Merton)在《社会理论和社会结构》一书中指出："社会并非总是处于整合状态,非整合状态也兼而有之。"也就是说,个体和群体并不总是处于整合状态,违反社会规范的情况也时有发生。例如,社会的机会结构可视作一种文化安排,在这种机会结构中,有些人在追求自己的目标时会采用合法的方式,有些人在追求自己的目标时会采用非法的方式。前一种情况是文化的正向整合功能或状态的体现,后者则是文化的反向整合功能或状态的体现。针对文化的这一功能,在社会活动中就要发挥文化的正向整合功能,以保证社会体系的平衡。

3. 整合功能

社会需要通过文化的整合功能维系自身的团结与秩序的稳定,因此整合功能也是文化的重要功能。社会通过整合,可以协调文化内部各个部分之间的关系,使之形成一个和谐一致又联系紧密的整体。此外,同一个国家或同一个民族成员的制度、观念、行为等也需要规范,文化的整合功能恰好可以使这个国家或民族的成员能够对自己的国家或民族有一种归属感。通过文化对一个社会的不断整合,各个地区、各个民族的文化也互相融会贯通,从而达到加强民族团结,促进社会稳定与发展的目的。

4. 规范功能

文化的一个重要作用就是要形成各种各样的制度规范来约束人们的社会行为,保证一个社会能够进行有序的运转和稳定的发展。随着社会生产力的不断发展,人类文明在演变的过程中逐渐出现了各种规章制度,这些制度可以维护社会生产的有序进行。而如果社会成员的行为不能得到及时的引导和规范,社会就会陷入一种无序的状态。因此,文化的规范功能是保证社会有序发展的基本功能。

5. 政治功能

众所周知,意识形态是政治制度、社会经济形态的反映,而文化是这些意识形态的重要表现形式,这就使文化具有了政治功能。具体来说,可以从如下两点来理解:

首先,经济基础与上层建筑之间有着密切的关系,而政治是组成意识形态的重要部分,其通过对社会观念、社会思想进行整合与统一,保证人类得以生存。

其次,意识形态为政治服务,一旦人们形成了自身的意识形态,他们必然会为社会制度、统治阶级辩护,驳斥那些不和谐因素,从而使社会具有强大的凝聚力。

6. 经济功能

当前是一个商品经济的社会,商品是人们用于交换的劳动产品,而文化属于一种劳动产品,因此,文化就具有了经济功能。具体来说,文化是人类社会分工与精神生活结合的结果,如果文化是为了满足他人的需要,并且与他人进行交换,那么文化就属于一种商品,其经济功能也会显现出来。一般来说,文化的经济功能具体表现为两个层面:

首先,文化的经济功能推动了文化产业化的形成与发展。因为文化产业对资源、环境等的影响很小,并且需要融入较高的科技水平,所以,文化产业化成为当前世界各国推崇的产业。

其次,文化的经济功能推动文化经济一体化的形成与发展。由于各国之间的交往日益密切,使各国之间的文化、经济等频繁交往,这就导致了文化经济一体化现象的出现。具体来说,文化使各个国家的物质产品更加多元化,并且使这些产品有了相应的附加值。

7. 社会功能

文化的社会功能主要体现在两个层面:一是社会动力功能,二是社会稳定功能。

首先,文化对社会经济发展起着巨大的促进作用,这就是所谓的文化的社会动力功能。在当代社会,文化直接影响着一个国家的综合国力,并且逐渐成为这个国家的重要产业。如果没有文化的参与,人们不可能跳出愚昧的圈子,也不可能向着文明的方向发展。简单来说,文化的进步是社会进步的动力。当文化发展时,其功能也会展现出来,因此也会对社会有着协调与发展的意义。

其次,文化具有保证社会稳定的功能。从整个社会来说,文化能使人们获得归属与认同感,文化规范着社会运行的机制,对人们的心理有导向作用。当然,这种导向可能是积极的、正面的导向,也可能是消极的、负面的导向。前者有助于促进社会的和谐与稳定,后者则有可能造成社会的滑坡与后退。因此,在当今社会,人们应该凝聚力量,树立信心,为创建和谐美好的社会奋斗。

8. 育人功能

文化具有知识属性,文化代表着学习知识,文化人代表着知识人,可以说文化就是知识,是知识不断积累的过程。文化的知识属性也决定了文化的育人功能。

育人并非指教育人,而是指改变人、培育人和提高人的水平。首先,文化促进人不断进化,借助文化,人们从愚昧走向了文明,走向了博学。其次,文化可以塑造人,人们总是在不断地学习各种文化知识,从而塑造自己的人格。最后,文化可以提升人的能力,通过学习各种知识,人的创造能力会有所提升,就会从体力劳动者转变为脑力劳动者。

二、文化的特征

(一)主体性

文化是客体的主体化,是主体发挥创造性的外化表现。文化具有主体性的特征主要源于人的主体性。人的主体性即人作为活动主体、实践主体等的质的规定性。[①] 人通过与客体进行交互,才能将其主体性展现出来,从而产生一种自觉性。一般来说,文化的主体性特征主要表现为以下两点:

首先,文化主体不仅具有目的性,还具有工具性。如前所述,由于文化是主体发挥创造性的外化表现,因此,其必然会体现文化主体的目的性,只有这样才能促进人的全面发展。另外,文化也是人能够全面发展的工具,如果不存在文化,那么就无法谈及人的全面发展,因此,这体现了文化的工具性。

其次,文化主体不仅具有生产性,还具有消费性。人们之所以进行生产,主要是为消费服务的,而人类对文化进行生产与创造,也是为了更好地进行消费。在这一过程中,对文化进行创造属于手段,对文化进行消费属于目的。

(二)实践性

实践是人类对文化进行创造的自觉性、能动性的活动,而文化是人类进行实践的内在图式。简单来说,文化具有实践性特征,具体表现为以下两点:

首先,实践对文化起决定性作用。人类开展实践的手段与方

---
① 徐华,周晓阳.论文化的基本特征[J].南华大学学报(社会科学版),2012,(4):23.

式决定着文化的性质。在这些实践手段与方式中,物质生产方式居于基础地位。

其次,文化对实践有促进作用。这是因为实践往往是在某些特定文化中展开的,如果没有文化背景的融入,那么实践就会非常困难。另外,文化对实践的展开有着巨大的指导意义,也正是由于文化的指导,实践才能取得成功。

(三)传承性

文化具有传承性,是人类进化过程中衍生和创造的一种代代相传的习得行为,对个体和社会的生存、适应和发展具有促进意义。也就是说,文化并非人类生来就有的,而是在社会化过程中逐渐习得的,每一个社会中的人只有依靠特定文化的力量才能生存与发展。

文化作为人的生存方式,具有个人与群体生活的基本职能。在某种意义上,"文化是为人类生命过程提供解释系统、帮助他们对付生存困境的一种集体努力"[1]。

人类对自身生存行为所做的解释,使共同价值体系得以形成。这种共同价值体系的制度化反过来对人们的生存行为起着规范作用,决定人们与自然界进行物质交换的方式,同时对人们在此生存活动中的相互关系进行调整。

(四)民族性

文化具有民族性特征。人类学家克利福德·格尔茨(Clifford Geertz)这样说道:"人们的思想、价值、行动,甚至情感,如同他们的神经系统一样,都是文化的产物,即它们确实都是由人们与生俱来的能力、欲望等创造出来的。"[2]

这就是说,文化是特定群体和社会的所有成员共同接受和共

---

[1] 孙英春.跨文化传播学导论[M].北京:北京大学出版社,2008:3.
[2] [美]克利福德·格尔茨著,韩莉译.文化的解释[M].上海:上海译林出版社,1999:63.

享的,一般会以民族形式出现,具体通过一个民族使用共同的语言、遵守共同的风俗习惯,其所有成员具有共同的心理素质和性格体现出来。

（五）稳定性与变化性

文化既是稳定的,又是发展变化的。

一般而言,人类的每一种文化都具有保持内部稳定的文化结构,体现在相对稳定的习俗、道德、世界观、价值观等方面,在面对外部文化冲击时,能保持自身结构的稳定与平衡。

同时,文化是发展变化的。生产力的发展、新的发明创造、新的观念的出现、政治上的突变、经济的全球化趋势,均能在某种程度上推动文化的发展变化。

三、文化的要素

（一）认知体系

认知（Cognition）是人类个体内在心理活动影响下形成的,具体指"主体赖以获取知识与解决问题的能力"（孙英春,2008）。人类通过认知而对客观世界有所认识,对周围世界的信息进行有选择的收集,同时就客观世界中的刺激做出相应的反应。

认知体系主要包括感知、思维方式、世界观、人生观、价值观等要素。从很大程度上来看,认知系统可被看作文化群体的成员评价行为和事物的标准。这一标准存在于人的内心,同时,通过人的态度与行为得以体现。

认知体系是跨文化传播学重点关注的文化要素之一。对于不同社会文化或民族群体中的人而言,受生活环境与生活经验的影响,其认知也有所不同。

（二）规范体系

规范（norms）是历史形成的和固定的人们参与社会活动的共同标准，涉及习俗、道德、法律、制度等。规范对不同文化群体成员的活动方向、方法和式样进行了明确的规定。此外，各种规范之间互相联系、互相渗透、互为补充，对人们的各种社会关系和社会交往活动起着调整作用。

（三）语言和非语言符号

在人类的社会生活中，人们的交往和沟通均是通过语言符号与非语言符号实现的，而在此基础上创造文化。此外，语言和非语言符号是文化积淀和储存的手段，各个文化要素需要借助语言和非语言符号体现出来，并传承下去。

（四）社会组织与家庭

社会组织是实现社会关系的实体。要确保各种社会关系得以实现和运行，每一种文化必须构建一些社会组织。具体而言，保证各种社会关系运行的实体包括家庭、生产组织、教育组织、政治组织、娱乐组织等。其中，家庭（family）是在婚姻、血缘关系或收养关系基础上形成的亲属间的社会组织。

家庭是最古老、最基本的一种社会组织。家庭帮助了文化，告诉我们世界的样子及我们在世界中的位置：家庭将一个个生物机体转化为社会人，从孩童起传授人最基本的态度、价值观以及行为方式。人与人的一切社会关系与社会交往，均是基于家庭而形成与发展的。

（五）历史

历史是理解文化的中介。历史可以作为文化价值、文化理想及文化行为的起源。

历史主要是人类活动的过程与记录。文化是历史的一个重要组成部分。文化特性均能在历史事实中找到答案。

进一步说,文化的现实是历史的延续,现实中的文化要素均可在历史中找到其嬗变的轨迹。所以,要对某一文化现象有所理解,既要关注其涉及的内容,还要对其形成的历史过程有所理解。

在文化与传播研究领域,"文化"与"历史"两个词一般是可以互换的。其原因在于历史是隐藏在文化深层结构中的要素,各文化都有其各自的历史。

(六)物质产品

文化的物质产品是指经过人类干涉或改造的自然环境与创造出来的所有物品。建筑、计算机、汽车等都属于文化的物质产品,它们能体现出文化的价值观、需要、目标和关注所在。

物质产品与其他文化要素息息相关。在物质产品中,"凝聚着人们的观念、智慧、需求和能力,也为人们建立和开展各种社会文化交往,维系各种社会关系的结构、功能和秩序提供了基本的物质依托"[1]。

在中国文化中,"四大发明"就是重要的物质产品。它们传入欧洲后,为文艺复兴运动和新航路的发现作好了物质与技术层面的准备,而且在一定程度上推动了世界文明和历史的发展进程。

(七)地理环境

地理环境对于文化发挥着重要的作用。环境极大地限制了人们的生活,而"任何一种环境在一定程度上总要迫使人们接受一种生活方式"[2]。

例如,就古希腊、古罗马而言,它们处于西方文化的源头,濒临海洋,土地较为贫瘠、稀少,物种类型较少,缺乏生活资料,大多

---

[1] 孙英春.跨文化传播学导论[M].北京:北京大学出版社,2008:17.
[2] [英]雷蒙德弗·思著,费孝通译.人文类型[M].北京:华夏出版社,2002:33.

是从海外换取而来。这就使得其航海事业较为发达,由此成了商业文化的策源地。受这种生产方式的影响,人们逐渐形成了独立思考、崇尚个性、追求变化与斗争的性格特征。

中国是一个典型的大陆型国家,地理环境较为封闭,多数地区都处于温带,气候适宜,多样化的山脉与河谷、平原环境提供了相当丰富的生活资料,这样的地理环境使中国很早就形成了较为稳定的农业社会结构,与此相适应,中华民族的性格主要是勤劳、本分、热爱和平。

第二节 传播的内涵、系统与功能

传播(communication)是人类生活最普遍、最重要和最复杂的方面。在日常生活中,人们总要与他人进行交流,传递各种信息。传播是指借助符号与媒介来交流信息的一种社会互动过程。在此过程中,人们用各种符号实现信息的交换,逐渐产生共享意义,并运用意义对世界与周围的事物进行阐释。

一、传播的内涵

(一)传播的定义

在亚里士多德学派看来,传播是一个线性存在的过程。在这个过程中,信息从信息发送者经由渠道直抵信息接受者。20世纪最能体现亚里士多德学派特点的传播模型就是香农(Claude Shannon)和韦弗(Warren Weaver)提出的单向传播模型,即香农—韦弗传播模型。身为电机工程师的香农和韦弗最早致力于研究两个机器之间如何沟通交流。在他们的研究过程中,他们提出了一个模型并据此指出,信息在传播过程中并不受限于人们的意识活动(如解释);信息发出者对信息进行编码,之后信息经由一个完全中立的、对信息本身不会施加任何影响的渠道，传递给信息接受者，然后信息接受者再对信息进行解码。在信息传递过程中，一切对信息有影响的事物和现象均被视为传播的噪音。

在香农和韦弗看来，信息发送者和接受者共享同一个符码（shared code），这个符码脱离语境而独立存在；因此，无论传播活动生成的语境是什么，信息接受者面对该符码时，只能采用唯一一种，即正确的解码方式来与信息发送者交流。根据香农—韦弗传播模型，语言的本质是一套由规则（如语法）所构成的符码体系（code system）。一个人所传递的信息只有在具备逻辑一致性并且（或者）可以通过实践得以检验的时候，才会具备意义（meaning）；否则就会被视为噪音。

如果在这里套用霍尔提出的高低语境概念，可以认为香农—韦弗传播模型所描述的传播可以是一种低语境传播，在这个传播过程中，所有的信息都被包含在清晰的编码之中，力求意义的准确清晰，极力避免含义不清，表意不明，如图1-1所示。

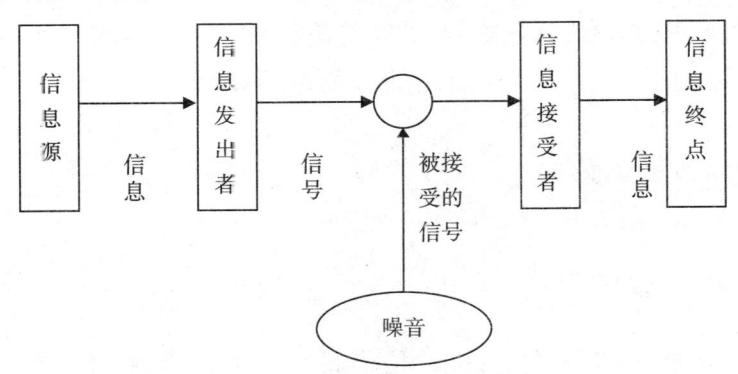

图1-1 香农—韦弗传播模型

（资料来源：[美]艾瑞克·克莱默、刘洋，2015）

不同于还原论将形式与内容区别对待的做法，相对论认为形式与内容不可分离。因此，传播这个举动本身不仅在传递语义，也作为一种语义而存在。正如麦克卢汉所言，媒介本身即信息。

人们从比较诠释学（comparative hermeneutics）汲取灵感，将语言传播视为一个比编码和解码更复杂的传播现象，进而对语

第一章 跨文化传播相关的概念

言与传播之间的关系进行深层次的探讨。有很多语言学家坚持认为,人们在使用语言的同时,以语言为载体,可以在文化和社会心理层面表达自己的身份以及自己与他人的关系。当诸如文化、历史、阶级、教育及其他语境维度被我们纳入考虑范围,而且当这些语境被认为对一个信息的含义至关重要的时候,我们就以这样的方式对诠释学进行了实践。正因如此,诠释学趋向于相对主义,而包括认知主义和笛卡尔语言学在内的分析性哲学则倾向于把信息的含义分解至一种客观的信息输出,并认为决定这种信息输出的是语法结构而非具有感知能力的主体。对信息进行系统分析的最早尝试就始于诠释学。尽管马丁·海德格尔(Martin Heidegger)、路德维希·维特根斯坦(Ludwig Wittgenstein)和约翰·奥斯丁(J. L. Austin)等学者,因其将语言理论化为我们的存在方式(mode of being)而备受赞誉,但实际上其他许多学者也持类似观点。例如,古希腊的伊索克拉底(Isocrates)认为,人们思考的载体是文字,因此,一个人对语言的驾驭能力越高,这个人就越聪明。伊索克拉底的这个观点时至今日仍被有些学者称为"认知复杂性"(cognitive complexity)。

　　理性思维早在古希腊时期就已出现。随之出现的还有人们对线性思维(linear thinking)以及书面语言(written language)的推崇。更为重要的是,当时针对传播行为还出现了一种全新的批判态度,这种批判态度高度赞扬把权力和语言使用结合起来的实用主义。西方世界第一个学术机构由伊索克拉底创立。伊索克拉底教育年轻人如何进行充满智慧的、饱含自信的并极具说服力的讲演,从而依仗他们习得的知识,逐渐成为他们各自城邦中手握权力之人。

　　事实证明,伊索克拉底传授的这些知识的确帮助很多人获得了成功。当时古雅典的大部分政治领袖和军事领袖都是伊索克拉底的门徒。因此,现代社会语言学极为重视语用学(pragmatics),认为语言有一个很重要的社会维度,即对于语言在口音、方言、语法以及所使用词汇复杂程度方面的价值判断,可用于衡量说话者的地位,并对他们在经济、社会和政治等领域内获得利益、地位和声望产生着绝对影响。

　　社会语言学家约翰·尼斯特(John Nist)总结了三种语用风格,并指出这三种风格在人们交流与沟通过程中会产生很大影响。根据尼斯特的分类,这三种风格分别是上层语用风格、标准语用风格和下层语用风格。在尼斯特看来,世界上的每种语言都包含一种上层语用风格。这种风格的讲话方式最为体面,使用者大多受过良好教育,并在社会文化体制中占据一定的优越地位。标准语用风格被认为是一个地区所特有的标准话语风格。下层语用风格通常为社会底层阶级所使用,而且普遍被排除在标准话语风格之外。使用下层语用风格的人们通常缺乏教育,而且在社会文化体系中地位较低。尼斯特认为下层话语风格的出现与其使用者词汇量有限以及教育缺乏有关,因此,他们使用语言的能力和灵活性非常有限。

　　综上可以看出,话语风格不仅仅是衡量一个人的重要指标之一,也是一种社会权力的体现。身处上层社会的人们往往拥有丰富的词汇,使他们在面对诸如技术、文学、商业和教育活动等正式场合的时候,可以自如充分地使用这些场合所要求的话语风格。这些使用上层话语风格的人们擅长在不同表达方式中进行切换。然而处于下层社会的人们,由于缺乏丰富的词汇和灵活的语法运用能力,常为自己相对较弱的阐述方式感到沮丧。这些人在应对上述场合的时候,或许会显得力不从心;而且相对于使用标准话语风格和上层话语风格的人们而言,他们也不太具备区分不同语言含义的能力。

　　如果文化即传播,那么什么是"传播"呢?传播仅限于文字形式吗?当然不。那么它是在两个或多个人意见达成一致的时候出现的吗?也不是。即使两个人就同一个标志、符号或信号的含义理解发生分歧,传播也会发生。那么只有当一个人意图表达的含义为另外一个人所理解的时候,才会出现传播吗?答案也是否定的。

第一章 跨文化传播相关的概念

中国人常说"有所为,有所不为"。在传播学这个领域,已经有研究证明我们的"为"与"不为",对于他人而言都存在一定的含义,而且我们所希望传递的含义与对方实际领会的含义未必相同。那么,传播是一种行为吗?回答依旧是"不",因为强有力的信息依然可以在没有任何行为存在的情况下传递出去。

(二)传播的内容

1. 非语言传播

根据言语行为理论,说话者说话时可能同时实施三种行为:言内行为、言外行为和言后行为。人的外貌作为一种言外行为也可以传递一定的非语言信息。虽然不同文化对于美的界定和理解有所不同,但有研究表明,在每个文化体系中,那些被主流审美界定为漂亮的人们,比其他相貌一般甚至容貌丑陋的人更善于社会交际,并拥有更为娴熟精湛的社会交际能力。数据显示,出现这种差异的原因可能在于人们面对漂亮的宝宝和不漂亮甚至丑陋的宝宝的时候,表现出的态度截然不同,而这种截然不同的态度会影响人们在婴幼儿时期就已经开始的个性发展。

那些自小容貌出众的人,从婴幼儿时期开始就因为自己的外貌而不断获得周围人的称赞。这些称赞会使得他们坚信自己对其他人的吸引力,久而久之,他们更容易形成自信、乐观的个性,也更愿意与其他人相处,最终可以娴熟地掌握社交技巧。相比之下,自小长相平平甚至容貌丑陋的人,因为无法获得太多关注,所以可能没有太多机会开展社会交往,更无法拥有娴熟的社交技巧。之前我们只是简单地认为容貌出众的人更自信,但上述这些研究不仅证明了这个结论的正确性,更深刻地指出这种差异背后的原因并非那么简单。

上述这个例子所表达的重点是个性、社会和自我认同的形成,至少部分是由社会决定的。自我以及更大范围内文化环境的社会建构建立在传播的基础上。即使动人的外貌、气质和个性的形成包含"自然"或"遗传"的因素,但它们至少部分程度上也是社会文化交往,即传播的结果。下面,我们来看看其他的非语言传播形式对人们沟通交流的影响。

(1)副语言学

副语言(paralinguistics)不同于语言学。前者着眼于研究话语的音量、音调、节奏、表达方式、重音等内容,而后者则侧重研究词汇。副语言现象常常用以表达人们的情绪和态度。说什么、如何说以及如何依据语境不同恰当地使用语言——这三者之间的差异构成了词语隐含喻义(figural meaning)和字面含义(literal meaning)之间的区别。

对于旅居者(sojourners)而言,语言能力包括对大量词汇的掌握和语法的灵活使用,可这些能力不足以帮助他们开展有效的传播活动。要成为一个良好的沟通者,我们必须熟悉如何恰当地使用一个语言的副语言。例如,结束一天课程学习之后你回到自己的寝室,然后看到你的室友坐在自己的书桌旁。刚步入寝室,你跟你的室友打招呼:"今天怎么样?"你的室友还是坐在桌边,背对着你回答说:"不错,还行吧。"根据你室友回答时候的语气和音调,你可以判断你室友的回答就是他(她)内心的真实体现,他(她)今天过得不错;或者从他(她)大声的并带有厌恶之意的回答中,你可以猜测实际情况恰恰相反,他(她)今天过得并不顺利。只有当我们熟练掌握一种语言的副语言之后,我们才能准确地使用语言,给出恰当的回复。

在使用非语言和副语言与他人交流的过程中,表达出来的字面含义与想表达的实际含义之间的不一致,往往会造成人际传播中的困惑。戏谑、嘲讽、幽默和其他的语言使用方式,完全取决于讲话者对不同语境下的语言使用规则以及副语言中不同重音使用方式的了解,而这些知识很难以课堂形式进行传授。对非语言以及副语言的熟悉是文化素养的组成部分,其中就包括如何在语法规则之外恰当、正确地使用语言。只有生活在一个语言所产生的真实环境中,我们才能真正习得这些副语言规则。不过,仅仅

第一章 跨文化传播相关的概念

掌握这个语言本身不足以开展有效的沟通和传播,这也是美国人不能真正领会英国喜剧之精髓的原因之一。

(2)姿势

姿势以不同方式提示人们空间的存在。两个人见面如何相互致意,以及在讲话时如何通过姿势进行强调,这些在不同文化中有着不同的表达。美国心理学家保罗·艾克曼(Paul Ekman)和华莱士·法尔森(Wallace Friesen)通过研究,对人们不同的手部活动以及面部表情进行分类。他们提出五种用以沟通的非语言行为。

第一种非语言传播行为叫"象征动作(emblems)"。象征动作在口语中有其对应的翻译,而且对一个特定的社会群体而言具有明确的含义。象征动作经常被用来就某一个信息以慎重的方式进行沟通,如"竖起大拇指"这个标志,对军事飞行员而言表示一切正常。

第二种非语言传播行为叫"调适性动作(adaptor)",它用来舒缓身体上的紧张,如神经抽搐或绞手。

第三种非语言传播行为叫"调整性动作(regulator)",它被用来调整、协调和控制人与人之间的讲话次序和说话速度。在艾克曼和法尔森所界定的所有非语言行为中,调整性动作在本质上或许是最具文化特性的一类非语言传播行为。正因如此,调整性活动成了跨文化传播在非语言领域内含义最为模糊、引起问题最多的非语言传播行为。调整性动作的一个例子就是眼神交流(eye contact)。在一些文化中,目光接触被认为是一种礼貌的举动,但在另外一些文化中,同样的动作则可能被认为具有攻击性,甚至可能引发对方愤怒的质疑,如"你在看什么?"

第四种非语言传播行为叫"情感表露动作(affect display)",这类非语言传播行为所传递的含义或许放之四海而皆准。情感表露的非语言行为展示着人们的感受和情绪,如痛苦表示悲伤、爽朗大笑表示高兴。

第五种非语言传播行为叫"说明性动作(illustrator)",这类非语言传播行为所传递的含义往往根植于特定文化,因此在跨文化传播中容易引起误解。说明性动作常常伴随讲演或发言出现,以一种非语言的方式解释说话者的真正意图。

这些非语言传播行为中与文化最为相关的就是象征动作、说明性动作和调整性动作。相比之下,调适性动作和情感表露动作普遍都能为人们察觉,可能根植于人的本能反应。

(3)意义丰富的沉默

沉默通常意味着事件本身的含义并不简单,而这一点却往往为人所忽视。在我们看来,沉默通常意味着困惑,或者需要一点时间通过倾听以收集更多信息。现代西方文化认为,沉默可能会带来更多的含糊不明或歧义。与之相反,非西方文化对含糊不明或歧义更具包容性。这或许可以解释为什么现代西方文化如此执着于传播本身以及信息学。西方跨文化传播学理论把不确定性等同于焦虑,这反映了现代西方文化对含糊不明或歧义没有太多的包容。很多传播学文献都表达出这样一种带有偏见性的西方观点:相对于少言寡语的人,滔滔不绝之人的思维更为缜密,所用措施也更为得体优雅。

俗话说"静水流深",这句话意在强调少言寡语之人勤于思考,而非专注于讲述。这类人的传播活动通过倾听实现,在倾听的同时思考观点和观察之间的种种关系。另外,很多非西方文化会通过使用沉默不语表示尊重。例如,对一些美国原住民而言,在谈话出现话轮转移(turn-taking)的时候,他们沉默不语,为交谈的另一方留下充裕的思考时间,让他们仔细思量自己刚才所说,补充或者彻底结束他们想要表达的内容。在这种情况下,沉默体现了这些原住民对谈话对象的尊重。

根据霍尔的研究,当一个信息的大部分含义都源于它生成的语境的时候,这类信息就被称为"高语境信息"(high context)。正因如此,霍尔认为身处同一群体的成员,彼此之间拥有共同的认知和经验,因此,他们彼此之间的交流不需要借助太多的有声语言。有时候仅仅点头或交换眼神,他们就知道彼此想表达的含义。这种情况就是高语境传播的要点所在。与高语境传播相对的是低语境传播。这种传播形式意味着从语境中我们不能获得很多信息。相对于高语境信息,低语境信息更为冗长具体。身处高语境的传播者倾向于用极少的有声语言表达很多的含义。因此,高语境传播被认为比低语境传播更富效率,所含内容也一目了然,无须用更多语言进行解释,如图1-2所示。

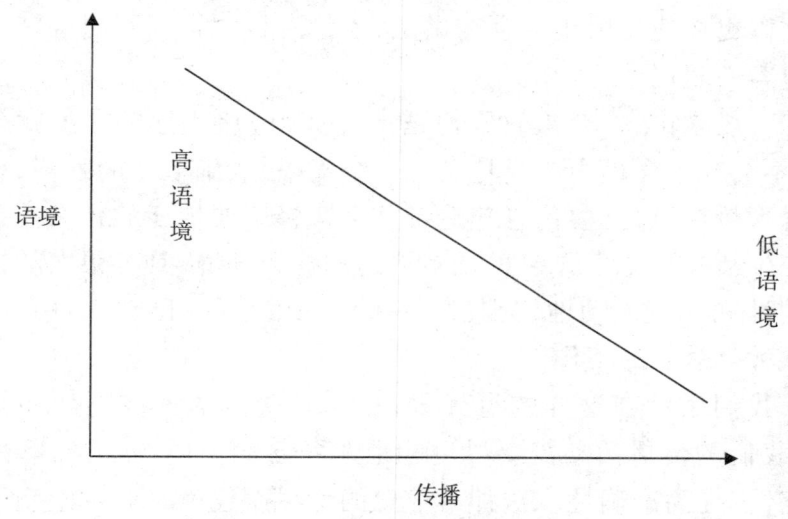

图1-2 高语境传播与低语境传播

(资料来源:[美]艾瑞克·克莱默、刘杨,2015)

然而,实际情况有时未必如此。相反,高语境传播者和低语境传播者之间风格的差别可能更多地源于与人们对于含糊不明或歧义的包容度。对含糊不明或歧义的包容能力意味着身处一个特定传播语境中的沟通者,即使面对该语境中残缺不全的信息,也依然能与人自如地开展沟通交流。斯坦利·巴德奈(Stanley Budner)在其研究中指出,对含糊不明或歧义的低包容度反映了这样一种观点:这种含义含糊、带有歧义的情况不受欢迎甚至具有威胁性。

这些研究认为,当人们遇到不确定的情况时,一定会变得忧心忡忡,焦虑不已。美国宾夕法尼亚大学的查理斯·斯莫克教授(Charles D. Smock)指出,我们对含糊不明或歧义的看法决定了我们会寻找什么样的信息。如果我们缺乏对含糊不明或歧义的包容,那么我们就会倾向于把自己的第一印象作为判断陌生人的基础。这往往导致先入为主式的判断。而且对含糊不明或歧义缺乏包容的人,倾向于寻找更多的信息以强化他们之前所信奉的观点。相反,那些显示出很好包容力的人们,则倾向于慢些做出结论,而且更愿意推迟做出判断的时间,以便收集更多的信息。尝试以更快速度收集信息的做法,也是一种对含糊不明或歧义缺乏包容的表现。

一般来讲,一个人解释得越多,他(她)所表达的含义就越明确,不会产生含糊不明或歧义。一个篇幅长、细节多的解释,往往包含大量信息,这些信息塑造着这个解释所要传递的含义。我们现在生活的这个世界包含许多不同的社会环境,具有很大的社会流动性和地理流动性,为我们提供四处旅行的机会,为每个个体提供种类繁多的工作。

我们生活在这样的世界里,相比那些生活一成不变的其他人,我们的传播活动需要尽可能地避免含糊不明的含义,降低不确定性,提高准确性。这种对信息的详尽阐述就是一种限制不确定性、减少含糊不明的努力。因此,低语境传播与需要阐述的符码(elabcrated code)的使用高度相关。与此相对,高语境传播中所使用的符码就不需要太多阐释。

2. 语言传播

相比非语言传播,我们对语言传播更容易开展自我监控(self-monitor)。正因如此,我们才会在关注自己口头表达内容的同时,忽视了自己释放出来的非语言信息。同样,我们也会更关注说了什么而非如何去说。我们遵循一致的语言规则以及副语言规则。例如,当一个人生气的时候,他(她)说话音调升高,音量增大。与语言传播桕比,副语言现象更依赖我们的先天条件。

副语言现象是人们表达情感的基本形式,而以语言为载体的沟通现象则更倾向于帮助人们开展诸如说服和辩论等富有技巧

第一章 跨文化传播相关的概念

谋略的行为。如果没有这些语言及副语言使用的规则,人与人的交往就会变得毫无意义。人类社会的黏合剂就是所有社会成员共享的社会脚本(social scripts)或者行为方式,其中包括言语方式(方言、行话、俚语、交谈中话轮转换、得体适宜的幽默等)、期待、价值观和信仰。但是语言(有声语言以及无声语言)所包含的内容比上述黏合剂更为丰富。语言也是大家所共有的一种思考方式,是看待世界的方式以及一种对世界共有的体验。这个为大家所共享的世界是群体组织存在的基础,它也是一种为大家共享的意识。

对语言的掌握使得人类可以就某一事物或现象进行思考,而且这种思考会影响我们对这种事物或现象的理解。早在萨丕尔和沃尔夫之前,就有很多神秘主义者认为,借助语言形成的期待和偏见会损害我们对事物或现象的洞察力。因此,这些神秘主义者认为语言会歪曲我们对事物或现象的理解。作为语言最正式的形式之一,语言文字变成了塑造现实的教义所在。语言文字赋予我们思考的能力,但也限制了我们的思考,使得我们不能真正看清我们身处的这个现实。

让我们用一个与汽车有关的比喻来进一步阐述上述观点。没有汽车,驾驶就无从谈起。正是汽车的存在使得驾驶成为可能。汽车是驾驶这个动作的必备条件,但仅凭汽车本身的结构,无法实施驾驶这个动作。同时,汽车的这种固定结构也决定了它只能用于路面交通,不能用于飞翔。所以,我们可以说,汽车虽然赋予了我们行动的能力,但也限制了我们行动的能力。语言作为一个体系,不仅仅指我们所用的词汇。语言赋予我们表达的能力,但也塑造着我们的表达,使得我们的表达可被别人分享。结构化(structuration)限制了表达的自由,也使得表达成为可能。一个人不可能随意发出一串噪音或咕噜几下,就期待这些声音可以被其他人理解。

结构是含义的先决条件。正如维特根斯坦指出的那样,仅供一个人使用的语言并不存在。语言如同具备规则的游戏一样,既限制一个人能说什么,也使得此人所说的内容能被其他人所理解。与国际象棋这种游戏相似,想参与游戏的人不可能一边忽视游戏规则,一边却期待自己可以参与其中。这就是为什么象征动作、说明性动作和调整性动作这几类非语言行为究其本质都需遵循一定惯例。有人或许会说只要非语言动作具备含义,那么这些动作也受制于一定语法。但是不同的语言就如同不同的游戏,有着不同的言语组织规则。如果这个论述所说属实,那么既然不同语言有不同的语法规则和语义结构,那么讲不同语言的人所处的世界,一定有所不同。

人们以不同的社会文化和语言为透镜打量审视他们生存的这个世界。社会文化以及语言之间的不同影响着世界在人们面前的呈现方式,也影响着人们如何看待这个世界。例如,生活在中世纪欧洲的人们认为天空是一个巨大的拱形天花板,在这个天花板上有很多小孔,天堂中灿烂夺目的光线就是通过这些小孔(这些小孔就是恒星)倾泻下来,照耀着世人。但对于 20 世纪晚期的人而言,恒星就是在真空的宇宙空间中,持续发生核聚变的球体。身处中世纪的欧洲人深信这些在夜空中闪烁的物体是神圣秩序的一部分,它们处于一个由神统治的巨大架构中。神注视着世人,并按照道德律对他们的所作所为进行评判。可在一个现代人看来,宇宙是一个无穷无尽、空无一物、大部分领域都不见生命的空间。在这个空间,不存在道德判断,也没有道德律。由于对宇宙看法的不一致,中世纪欧洲人和现代欧洲人也是以不同的方式看待他们自己。

3. 协同进化式传播

上文已经讨论了语言传播、非语言传播和语言的相对性。现在开始探讨这三个领域的发展演变过程。整体而言,这三个领域出现于任何一种使生态需求得以满足的接触过程。提到接触,可能最先想到的就是我们与其他人之间的接触,但像贾德·戴蒙(Jared Diamond)这样的著名生物学家却认为,所有文明的起伏

第一章　跨文化传播相关的概念

都是基于它们与其他人、植物和动物的融合。这种生态一体性形成了我们的文化基础。

　　人类是一种有着极高想象力、移情能力和合作力的动物。人类之间彼此为结盟，也与其他动物、植物为友。与狗类似，鹰的嗅觉远在人类之上，所以，在很久之前鹰就成了人类打猎时候的最佳伴侣。鹰曾用来为人类追寻和捕食猎物，这一动物或经挑选，或直接引入，从而进入我们的传播领域和社群组织。狗就是这样进入了我们的生活，并成为我们生活中一分子。鹰这些早期为猎人负责采集猎物的动物与狼有很多相似的地方，它们都是社会化动物，分享同一片聚集地，捕猎同样的猎物。狼和人类逐渐开始了合作。狼允许它们自身被人类挑选。合作的回报就是人类吃剩的食物，这种方式远比狼自己出去捕食容易得多，渐渐地，狼也把单个的人认同为"我们"，并把人类的村庄和垃圾场视为自己领地的一部分。人类彼此之间形成了极具凝聚力的合作关系。社会凝聚力更多的是建立在合作而非竞争的基础上。

　　一段关系可能始于询问探究，然后慢慢发展为友谊。友谊具有共生性。当两个有机体相互帮忙以求生存并以实现一定的目标为目的，共生（symbiosis）就出现了。这意味着这两个有机体相互依存，而这种依赖关系的含义非常重要。对有机体如何相互影响彼此之进化的研究被称为"协同进化符号学"。人类与植物之间、植物与植物之间、植物与动物之间、动物和动物之间、动物和人类之间、人和人之间遍布这种传播形式。从生物学上讲，协同进化意味着一个物种特征产生的时候，另外一个物种的特征也产生一定变化，以呼应之前物种发生的变化，反之亦然。但是协同进化也存在一种语义形式，借此两种不同物种利用信号来彼此帮助。

　　例如，人们在红海中发现，石斑鱼和海鳗并肩携手，一起捕食猎物。海鳗身长可达3米，一般在夜间捕食。它一般在岩石和珊瑚的裂缝和缝隙中寻找食物。石斑鱼一般可以长至数百磅，它不同于海鳗，更喜欢白天猎食，而且无法在缝隙中寻找食物。生物学家雷多安·布沙里（Redouan Bshary）及其同事的研究重点是

"清道夫"鱼类和它们"客户"之间的共生关系。这些所谓的"客户"是一些体积较大的鱼,它允许"清道夫"鱼类进入它的口腔,帮它清洁牙齿。布沙里和他的同事们在一份研究中观察并记录了石斑鱼接近海鳗,意在唤醒后者,使其带领自己去捕食隐匿在缝隙中的食物。

布沙里和他的同事在观察中发现,在猎物逃离缝隙之后,一些石斑鱼就会靠近大型海鳗,"雇佣"它们去帮助自己猎食。石斑鱼会在距离海鳗头部大约一英寸的地方,来回摇晃自己的头部。有的时候,石斑鱼甚至会采用倒立的姿势,在猎物藏身的地方摇晃自己的头部,以吸引海鳗注意这个地方。捕猎结束以后,石斑鱼和海鳗依次享用捕获到的美味。在这个研究之前,这样的合作捕猎仅在哺乳动物与鸟类以及哺乳动物之间发现过。由于石斑鱼和海鳗行为的多变性,布沙里相信这种合作捕猎的行为是后天习得的,而非与生俱来的反应。

协同进化是发生在两个不同物种之间的一个充满沟通和对话的过程。同时,协同进化也是一个辩证的过程,在这个过程中信息经由一个物种发出,再被另一个物种接受。协同进化也可以适用于两个人或两种文化之间的对话,用以解释对话双方如何彼此相互学习,进而相互改变对方。然而,对话双方之间的信息,可能对参与这次对话的交谈者而言有着不同含义。例如,一个浆果的颜色和气味对于小鸟而言可能意味着食物,但对于植物本身而言,这个被传递出去的信息则意味着播撒种子。

小麦和人类之间的关系,是不同物种之间协同进化的一个很好的说明。经过数千年的种植,小麦对人类而言,实用性与日俱增,同时,小麦也借助人类将种子播撒到世界不同的地方。因此,小麦成了数千百万人日常饮食的主要来源。随着小麦逐渐演变成一种产量越来越高的食物来源,人们的饮食也随之发生变化。小麦与人类饮食都发生了改变,也都走向了繁荣。每个物种都受益于其他不同物种,彼此之间相互影响、改变着对方。鸟儿和植物、真菌和植物以及细菌和人类之间,也是这种共生的协同进化关系。这些不同物种存在于同一个关系之中,它们彼此沟通并在沟通过程中改变着彼此。

所有的传播、一切的交往,都具备协同进化的特质,因为参与其中的每一方都以一种协商的方式影响着另外一方。这种交往互动致力于交流双方相互受益,也往往出现交流双方对交流含义的主导权展开争夺。这就是合作伙伴关系的本质。这种关系是一种协作增效(synergistic)的关系,这意味着整体大于各部分之和。

从上述故事中,可以体会到合作伙伴关系中各部分之间的汇集与融合。美国哲学家肯尼斯·伯克(Kenneth Burke)提出的"同体认同(consubstantial identification)"的概念有助于我们理解这个过程。在协同进化过程中,两个或者更多有机体共享一个符号体系;这个符号体系使得它们可以分享并协商传播的含义,形成手段或方法,分享同一个场景、行为和目的。但这种共享并不意味着这些有机体一直处在平等的位置。领导地位彰显一段关系中的主导与从属。即便是在组织结构最严密、成员之间最平等的团体内,也存在领导和从属者两种不同的地位。

如果要讲述一个故事,就不能不提这个故事涉及的所有人物的活动情况。这些不同角色在这段关系中共享同一个场景、抱有同一个目的、使用同一个符号体系、依赖同一种手段。在共处的这个过程中,每个角色都在设法获得其他角色的服从。如果一个人太残忍,跟他共处一段合作伙伴关系的动物将会逃开。同样,如果动物不配合这个人,那么这个人也会弃动物而去。人与动物之间必须存在一种共同的语言,这种语言通过获得服从、实现共同期待来发挥作用。

二、传播的系统

(一)信息

信息是指在特定时间、状态下,向特定的人提供、传递的与特定事实、主题以及事件相关的知识。信息一般有以下三个特点：

1. 信息与现实中的事实息息相关,而且借助一定的载体形式得以呈现。

2. 信息处于流动过程中,被相关的信息接收者所分享。

3. 信息与环境存在密切的关系,信息是在特定环境下发出的,环境包括社会环境、自然环境、身体状况或心理情况,信息的意义与被理解也与这些环境因素有关。

（二）编码与译码

传播是通过信息编码和译码来赋予意义的一种过程。"编码（encoding）是通过媒介技术手段把思想、感情、意向等编成别人可以理解的传播符码；译码（decoding）则是将从外界接收到的传播符码进行破译、赋予意义或进行评价的过程。"[①]

编码与译码往往是约定俗成的,流通于特定的群体与文化中,跨越文化的边界之后,则会出现跨文化传播。

（三）媒介

媒介也可以称为"渠道""信道",是传播方式、传播手段或传播工具的具体化。在传播过程中,各种信息的传递均要借助一种或一种以上的媒介。

在跨文化人际传播中,传播媒介一般是人本身——人可以通过自身,接通与他人之间的情感、思想,确立人与世界的关系本质。

随着科学技术的发展,人类传播信息的媒介越来越多样化,效率也有所提高,一种信息往往能借助多种媒介进行传递。

跨文化传播研究主要关注不同文化、国家的传播媒介的差异及文化特色,以及不同文化、国家对同一媒介的运用方式和偏好。

---

① 孙英春.跨文化传播学导论[M].北京：北京大学出版社,2008:21.

（四）反馈

传播中的反馈指的是信息产生的结果返回到信息发出者的过程。反馈是对传播效果进行检验的主要尺度，对于传播者当前和未来的传播行为具有重要的修正作用。

控制论原理认为，反馈指"把给定信息作用于被控对象所产生的结果再输回来并对信息的再输出产生一定影响的过程"（孙英春，2008）。

反馈有正反馈与负反馈之分。正反馈指新的数据库在肯定的意义上转化和简化了最初的数据，使整个系统得以增长。负反馈指新的数据库推翻了原有的数据，促使系统进行调整。负反馈对于系统的平衡与稳定的维持起着重要的作用。

在面对面的人际传播中，若信息接收者对发来的信息不理解，可以立即将不理解的结果返回发送者，发送者对传播中的缺陷做出即时修正，从而在一定程度上提高人际传播效率。

在跨文化传播中，彼此之间的文化存在极大的差异，这种情况下，多方面、多渠道的即时反馈更重要。这是因为个体对周围的环境越熟悉，负反馈信息也就准确。需要注意的是，如果身处异文化环境时，人们常常会感觉无所适从，负反馈功能也往往得不到正常的发挥。

三、传播的功能

关于传播的功能，这里主要介绍以下两种观点：

1. 拉斯威尔（Harold Lasswell，1948）在《社会传播的结构与功能》（*The Structure and Function of Communication in Society*）一文中，比较早地总结了传播的功能，具体如下：

（1）监视或提供与环境有关的信息，也就是对现实社会的情况进行准确、客观的反映，对周围世界的原貌与重要发展予以再现，对社会及其组成部分的地位产生影响的威胁与机遇予以揭示。

（2）协调社会各部分的关系，具体是将社会的各个部分、各个环节、各类因素有机组合起来，形成一个整体，从而更好地应对环境变化与挑战。

（3）传递社会遗产，使社会文化代代相传下去。

2. 施拉姆等学者（1982）在《传播学概论》（*Men, Women, Messages, and Media*）一书中也对传播的功能进行了描述，认为传播的功能主要包括一般功能、政治功能和经济功能，其具体功能为雷达功能、控制功能、教育功能和娱乐功能。

第三节 文化与传播的关系

文化是人们进行互动的大环境，对人类传播影响巨大的系统就是文化本身。因此，文化与传播之间有着密切的关系，前文分析了文化与传播的基础知识，本节就对二者的关系展开论述和探讨。

一、传播使文化得以延续

文化是在传播过程中生成、发展、变迁的，传播是形成、保存和发展人类文化的必由之路。只有通过传播，文化才有生机和活力，并不断发展下去。

区域文化的联系在人类早期社会就已存在，相邻部落的联系也一直都存在，而且借助传播而不断扩展开来。后来的历史经验也表明，文化依赖于传播的建构活动，文化的形成和发展一直受传播的影响。在传播过程中，文化中的经验、知识、技术、思想等逐渐发展、丰富，同时进行新的文化创造与积累。

20世纪初期出现的文化社会学理论还认为，文化最初只在一个地方存在，后来经过不断的传播而在其他各地逐渐发展起来。

格雷布内尔（Fritz Grabner）等学者将人类各种不同的文化概括为单一的、一次性的现象，用"形式标准"和"数量标准"把相同的文化现象划为某一文化圈。他们认为,任何文化现象在历史上都只是一次性出现的,其他地方相同的文化现象都是此地文化传播后形成的。

在这一思路的影响下,路威(Robert Lowie)在《文明与野蛮》(*Are We Civlized？*)一书中指出,欧洲文明是受到埃及、希腊、印度和中国文化的影响而发展起来的文化。

二、文化是传播的基础

没有文化的传播和没有传播的文化是不存在的。这主要包括以下两种内涵:

(1)传播是基于人类生存与发展的需求而产生的,体现在人们的日常生活中,是人类的一种主要生存方式。

(2)文化具有明显的动态性,文化从一产生就有向外扩展与传播的冲动,文化的传播是文化生存与发展的必然需求。

爱德华·霍尔将文化视作传播。他认为,人类的任何传播都离不开文化,没有传播,也就没有文化,"我们会选择什么样的传播行为在很大程度上取决于我们生长的文化环境。记住,我们并非生来就知道如何着装、玩什么玩具、吃什么食物、崇拜什么神明、怎么花钱或怎么用时间。文化既做先生又当课本,从应该有多少目光接触,到怎么讲清生病的原因,文化在生活中占据主导地位。文化是传播的基础,文化是多样的,传播亦有差异"[1]。此外,他对文化与人的传播行为之间的重要关系予以了描述,阐明了文化如何在人与外部世界之间设置具有高度选择性的"屏障",为人们提供了外部世界的结构,使文化以多种形态决定人们该注意哪些方面,不注意哪些方面,同时决定了人们的选择。

总之,文化是传播的基础,所有的文化都是混合而成的,没有哪一种文化是独立存在的。

---

[1] [美]拉里.F.默瓦,理查德·波特.文化模式与传播方式[M].北京:北京广播学院出版社,2003:6.

三、传播促进文化变迁与文化整合

文化的变迁指的是世界上的文化均处于不断的发展与变化中,都经历着产生、发展、变化、衰退和再生的过程。而传播是文化变迁最根本的原因。例如,20世纪初中国发生的五四运动和新文化运动,是中国近现代社会的一次大规模的文化变迁,这主要是西方民主和科学思想在中国的传播、影响下而形成的。

文化整合与文化变迁相互关联,涵盖各种不同文化的兼容与重组,各文化之间彼此吸收、认同,逐渐趋于一体化。历史经验表明,"彼此的渊源、价值取向、目标定位各异的不同文化的整合过程,是一种不断适应、共同发展、逐渐融合为新的文化体系的过程"。

第二章 跨文化传播相关研究

跨文化传播学是一个阐释全球社会中不同文化之间社会关系与社会交往活动的知识系统。要想研究跨文化传播，不能不去研究人与人之间以及个体、群体、组织、社会和国家之间纷繁复杂的跨文化社会关系和社会交往，并注重对人类的社会系统和社会活动的关注，简单来说，就是把握人类社会系统与社会关系的全面图景。

跨文化传播学研究的主要目的在于解读各种形态迥异的文化和行为体的整体性调适与变迁，说明各个文化和行为体的现实生活及其变动、更新的过程，探究在历史和现实的变动中跨文化传播活动的基本方式和普遍本质。因此，本章就具体分析跨文化传播的相关内容，涉及跨文化传播的历史脉络、多学科基础、具体的理论、研究方法与方法论等内容。

第一节 跨文化传播的历史脉络

跨文化传播是个体之间、群体之间、国家之间必不可少的活动，其维系了社会结构和社会系统的动态平衡，将不同地域和国家的人群联结起来，推动了人类文明的发展和变迁。作为一种文化观念与策略复合的知识系统，跨文化传播学对于观察和指导不同文化与社会各个层面的文化实践都有不可替代的学术意义，有益于不同文化间的相互理解和宽容，也决定了人类在21世纪的集体命运。

20世纪40年代后期,跨文化传播学在美国的兴起,这是第二次世界大战后全球格局变动和美国等西方国家持续扩张的结果。此后半个多世纪,跨文化传播研究主要在西方国家得到发展,通过聚合各个人文社会学科的经验和知识,成为一门有独特理论体系和研究旨趣的学科,不仅指向不同文化背景中的个人、群体、组织、国家之间的交往特点和规律以及不同文化之间的意义阐释和理解人类文化产生、变迁和分野的进程,还涉及文化与民族心理的差异、跨文化语用研究、文化冲突与解决途径、技术发展对文化的影响、文化的延续和变迁、对传播的控制和管理、文化自立与发展等方面。这些议题的存在和延伸,标明了跨文化传播学的科学性和实践性,也将跨文化传播学的应用空间推向人类生活的更多领域。

19世纪中后期,以英国、美国的文化人类学家为先导,西方知识界对人类不同文化的差异及跨文化传播活动的学术研究日益深入。第二次世界大战之后,美国面临着一个现实的问题:如何确保美军能在新近占领的岛屿上与原住民沟通与合作?由于对这些原住民的语言和文化一无所知,美国政府邀请了一批以文化人类学家为主力的优秀学者,专门研究这些地区的文化。1946年,美国国会通过了《外交法令》(*Foreign Service Act*),决定在国务院下设外事学院(*Foreign Service Institute*),为美国援外技术人员和外交官提供语言和人类学意义的文化培训。一些学者认为,其意味着跨文化传播研究的正式开始。

作为当时美国外事学院聘请的学者之一,爱德华·霍尔的主要工作是为即将到国外工作的美国人进行跨文化培训。霍尔通过调查发现,美国人与他国人民相处时的许多困难,是因美国人"以我们自己的标准与他人交往"引起的,美国形象的不堪也与培训不足以及缺乏了解其他文化的涉外人员有关,为此应致力于考察那些对不同文化成员的交往产生影响的文化因素。1959年,他在发表了一系列有关跨文化培训的论文之后,出版了《无声的语言》一书。在该书中,霍尔对跨文化传播研究的规则进行了描

第二章 跨文化传播相关研究

述与勾勒,并对跨文化传播训练的体验与参与、对非语言传播的重视、传播与文化的关系等进行了分析。该书有着广泛的影响,很多学者认为该书标志着跨文化传播学在美国的正式诞生。

20世纪70年代,交通和信息技术的快速发展以及世界各国间往来的日益频繁,促进语言学、人类学、传播学等多学科的发展与汇聚。自此,跨文化传播学成为一门独立学科。其中,很多相应的书籍也逐渐发表,其中最有影响力的是拉里·萨默瓦(Larry Samovar)等主编的《跨文化传播》,该书被广泛应用。

20世纪80年代,跨文化传播学快速发展,学术研究更为独立,理论范畴和研究方法逐步明晰化和系统化。1989年,著名学者莫利菲·阿森特与威廉·古迪孔斯特(Molefi Asante & William Gudykunst)主编的《国际与跨文化传播手册》一书,汇集了这段时间的研究成果,也促进了跨文化传播学的广泛传播,得到知识界的认可与接纳。

20世纪80年代初,跨文化传播学进入中国人的视野。陆续开展的相关研究涉及跨文化传播与外语教学、跨文化传播与对外汉语教学、跨文化传播能力的培养、跨文化传播与翻译、跨文化传播的语用失误、非语言传播、跨文化传播与修辞、经贸领域的跨文化传播等。但总体来看,此时国内对跨文化传播的研究仍处于起步阶段,人们对这一学科的基本特征和实践指向缺乏统一的认识,在理论基础、研究目标和方法论等方面仍处于探索之中,对西方跨文化传播研究及相关领域的前沿进展仍缺乏深度的研究,缺少着眼于解决中国关切的跨文化传播中的重大现实问题的研究成果。

20世纪90年代,人类各个文化出现了大规模的交融,同时出现了一些冲突与摩擦,这促使跨文化传播的一个新转向,即逐渐转向探寻文化间的共存与理解。在这一时期,与跨文化传播相关的议题也逐渐增多,变得更为多样化。

值得肯定的是,现在中国对外、对内的跨文化传播实践日益深入,中国社会文化迅速发展变迁的现实,为跨文化传播学在中国的拓展提供了很好的实践途径。通过与全球社会的现实和学术实践同步的努力,建立系统、科学的本土研究范式,回应中国和全球社会的文化变迁与转型,积累和增进有关中国社会、文化的理性认识,这一切将必然会使这一学科在中国的发展获得新的意义。

第二节 跨文化传播的多学科基础

跨文化传播学是由文化人类学、语言学、哲学、社会学、心理学等不同学科的学者共同开拓的。自跨文化传播学诞生以来,这些学科既深且广的知识系统一直充任了最为重要的概念、理论和方法来源。跨文化传播学要形成自己完善的研究范式,必须继续汲取这些学科的知识和经验,并接入这些学科中不断涌现的新的观念和思想。这些学科构成了跨文化传播学最直接的理论来源,对跨文化传播研究的研究方法和研究旨趣都有独特的贡献,也为跨文化传播学与更为广阔的知识系统的交汇提供了无限的空间。本节就对跨文化传播研究的学科基础进行梳理。

一、人类学

20世纪初期至今,以研究人类社会中行为、习惯、社会组织的起源与发展的人类学,逐渐发展成为不同学科之间理论和方法的桥梁,也与跨文化传播研究建立了直接的、密切的联系。

人类学的一个重要核心使命是,在广泛进行实地调查的基础上论述社会人的各种制度、思想和行为模式,揭示社会发展和文化变迁的规律及动力。人类学的理想之一是,探寻人类文化的本质,揭示人类在形成语言、掌握知识、取得共识时表现出的同一心智。人类学为跨文化传播研究提供了不同社会、文化背景下政治、经济、法律、教育、语言、心理等方面的研究范例,以异域社会为调查对象的知识传统,以"人类的整体性"、文化相对主义等认识论为支撑的学术伦理。在人类学的驱动下,跨文化传播学一直在持续关注各个文化的深层结构,以培育自身对人类历史、文化的使命感,努力与人类学同步展现对世界文化逐步深入的认识。自古典人类学开始,人类学家就把人类的心智发展和特质作为影响文化进化的因素来考察。语言人类学提出了语言深层结构影响人类思维和认知的假想;符号人类学通过对符号的形成、意义和关系的研究来理解人类的认知;解释人类学将文化视为一个有系统的意义网络,认为文化系统的意义建立在人与人互动过程中的象征性行动上,强调针对行动的象征意义解读文化的深层结构和内涵。可以说,人类学知识系统提供的这些观念和经验,无一不为跨文化传播研究的发展提供了具有根本意义的启示。

人类学中的重要分支——文化人类学,与跨文化传播学有着最为密切的天然联系。文化人类学主要是研究与人的生物特性相区别的人类社会及其文化,侧重于描述、分析、解释人们的思想与行为方式,以及社会和文化的异同,包括不同文化在习俗、家庭、制度等方面存在的共性与差异。跨文化传播研究的主要目的之一,也是通过探寻"异文化"获得对"本文化"以至全人类文化的理解,从中寻找文化反省、文化对话和文化并存的可能。而这离不开文化人类学在语言与非语言符号、经济政治组织、亲属与家庭结构、性别关系等方面的学术积累。20世纪后期以来,包括非西方国家的研究者在内,文化人类学侧重于社会组织、经济观念和过程、政治制度和行为、意识形态等方面的研究,致力于为解决人类社会的现实问题服务,在一些国家的社会与公共政策领域展示了巨大的使用价值,也为其他学科深入解剖人类本身、向人类自我复归开拓了新的方向。尤为重要的是,当代文化人类学的学术努力中渗透着对于人类存在与境遇的关怀和"批判与自省"的反思精神,其中也包括对西方知识体系的彻底反思,帮助现代学术研究觉察和摆脱现代性的支配话语,亦为未来人文社会科学的发展开辟了新的思路。

二、符号学与语言学

（一）符号学

在符号学的视域下，跨文化传播研究所关注的人类在社会生活中的关系与交往，实质就是符号意义的生成与传递——符号的介入使人际交往和社会交往变成了现实。如果没有符号形式的支配，人际和社会交往就不可能发生。文化就是一种包含在符号之中的历史遗传的意义模式，一套以符号形式表达的、传承下来的概念系统。正是通过符号，人们得以交流、巩固和发展他们关于生活的知识以及对于生活的态度。进一步说，文化之所以是世代相传的，是因为人有创造符号的能力，能够在个体与个体、群体与群体以及一代一代的人们之间学习并传递文化。由此也可以说，人类创造符号以及符号互动的能力和范围，呈现了人类社会和文化的本质特征。

20世纪四五十年代以来，当代符号学运动不断深入，符号学方法论的生命力和解释力也充分显现在语言学、文学、社会心理学等领域。基于这一思潮，跨文化传播开始侧重于运用符号对语言、非语言符号等展开分析与研究。与跨文化传播相似，符号学方法也在于强调人与世界的关系，对符号的性质、功能等十分关注。对符号学进行研究有助于人们更好地研究与认识文化与世界。这将为跨文化传播研究的基本路径、方法论革新等提供新的经验。

（二）语言学

语言学是一个研究人类语言的本质、结构和发展规律的科学领域。在文化与传播研究的视域下，语言是人类特有的交往方式，语言能力反映了不同文化的心智能力，在某些方面，语言研究往

第二章 跨文化传播相关研究

往能够比其他学科更接近人类的本质。在 21 世纪多极化、多元化的世界格局中,语言学仍将是多中心、多元化的。将语言事实与民族文化、思维方式等联系起来进行整体考察,是各个语言学分支的共同需要和共同发展趋势。语言深深地烙下了文化的痕迹,语言差异本身就反映了不同文化乃至社会之间差异的本质。

跨文化传播研究也深受语言学的影响,即重视语言与社会人的关系,强调语言是一种社会现象,人们创造和运用语言的行为是一种社会行为,并对人们的社会关系不断产生着重要影响。

传播是从语言开始的。语言是人类最基本的活动,在人类的各个领域都有所涉及,并参与了各种传播。这就是说,在日常生活中,人们不可能将语言与传播分离开来,也不能将二者的关系割断开。人们往往通过语言来制订计划,运用语言来沉思、梦想、记忆、传诵等,也通过语言来对文化加以创造、向他人介绍自我、与他人情感沟通,完成人类的传播。正如乔治·米德(George Herbert Mead)所言:"事实上,人类的思维往往通过某种符号进行,如果没有符号,虽然人们可能理解'椅子'的含义,但不能够在没有符号参与的情况下加以思考。"[1]

语言是人类传播的重要工具,也是一种社会行为,其直接影响着人类的社会关系。学者索绪尔(Saussure)指出:"语言属于一种社会事实,语言学的材料源于人类的语言活动的一切表现,在社会生活及个人生活中,语言活动有着非常重要的地位。同时,语言学的任务在于寻求一切语言能够普遍起作用的力量,并总结出对一切历史特殊现象加以概括的规律。"[2]

语言必须置于人类的传播中才能进行观察,即人类的语言只有在传播过程中才能够得以表现与创造。不得不思考的一点是,当今世界上发现的任何一种语言都能够进行互译。这就是说,人们很难超越自己所生活的界限,却可以运用语言拓宽自己的世

---

[1] 张国良.20 世纪传播学经典文本[M].上海:复旦大学出版社,2013:174.
[2] [瑞士]费尔迪南·索绪尔著,高名凯译.普通语言学教程[M].北京:商务印书馆,1980:26.

界。这似乎能够印证这样的观点:语言对人所理解的事物进行塑造,只要文化层面认为其非常重要,那么语言符号就可以赋予其具体的意义。当然,这个过程必须基于传播来确立。当前,语言学研究的一大视角就在于:研究语言与社会之间存在的紧密联系,对社会人的语言潜能进行挖掘,让人们创造出符合社会人传播需要的符号体系。

三、哲学与文化研究

(一)哲学

作为专注于研究文化现象在内的整个自然界、人类社会及思维活动的最一般的规律的科学,哲学对各个知识领域都具有理性指导和知识组织的作用。跨文化传播学的许多理论主张,都体现了哲学认识论和方法论的深层影响。哲学研究的视域也覆盖了所有的文化学科,把文化的各个门类组织为一个统一的整体,能够把文化现象放到历史哲学和思辨哲学的高度来思考。

将跨文化传播学与哲学研究结合起来,有益于深层分析不同文化群体的价值系统、文化与社会变迁的关系、文化的人类通性与差异性、跨文化交往规范等重要议题。尤其作为一个涉及人类和基本价值取向的学术体系,哲学所提供的整体性意义上的文化观念,构成了理解跨文化传播研究领域诸多核心命题的思想基础。在面对不同文化的交往方式、技术发展、文化的价值、文化危机与文化复兴、文化冲突与文化融合、全球文化的可能性等论题时,跨文化传播研究还需要借助哲学研究的一种学术观念。更重要的是,作为爱智慧并产生智慧的学科,哲学的最终目的是追求"善的智慧",折射了人类追求知识和理性的根本精神。在任何学科的研究中,如果单纯研究事物的知识本质,而远离了人类的根本精神,并与全球社会的共有伦理之间产生了疏离,这种知识将不具有任何精神意义。

第二章　跨文化传播相关研究

文化哲学是哲学的一个重要门类,它以文化的经验描述和科学分析为基础把人类文化作为哲学反思的对象,力求在广阔的文化视野中审视当代人类社会的各种文化矛盾,揭示特定文化的可能性及其限度。在当前全球交往的场域下,不同文化的相遇开启了新的认知领域,也推动了来自不同文化的哲学立场的相遇,并使文化哲学通过对不同文化经验视界的整合,具备了独特的理解人类文化世界的整体性框架,以及对文化进行普遍性解释的功能和意义。文化哲学领域的一些研究为跨文化传播本土研究的路径提供了重要的启示。

跨文化哲学是近年来兴起的,是文化哲学领域的一个分支,其主要目标是对不同文化的哲学传统进行"对比"。其并非纯粹的比较,而是"差异和互补、连续和非连续之间的有节奏的、辩证的互动,这最终会产生哲学不同传统间的真正的相互丰富",同时,基于世界文明的宏观视野,研究人类文明的历史哲学以及跨文化理解与交往的伦理之道等议题。汲取跨文化哲学的知识和经验,对跨文化传播学思考文化变迁、全球伦理等问题,探究不同文化的"共处之道",也有重要的价值。

(二)文化研究

20世纪60年代以来,文化研究在西方文化理论界兴起,其学术目的是考察文化活动以及文化活动与权力的关系,把握文化所有的复杂样貌,以及分析社会与政治脉络中的文化展现。经过近半个世纪的发展,文化研究的学术努力涉及关于女性批评和写作话语的性别研究,考察大众文化生产和消费的研究等。

跨文化传播研究可以向文化研究借鉴很多经验。首先,文化研究致力于突破精英文化与大众文化、东方文化与西方文化间的屏障,其理论话语具有鲜明的意识形态特征和"去中心"特征,主张文化多样性,强调文化互动、互补而非对立和冲突。其次,文化研究开创了社会与文化研究的一整套方法,包括文化的生产与政治经济学分析、文化的文本分析、文化的受众与接受分析等,能够从生产、阶级、民族、性别、国籍与意识形态等维度,研究受众所接受的文化影响、媒体文化效应的多样性,以及媒体景观提供的象征、神话和权力以及建构的共同文化等议题。

跨文化传播学可从文化研究中汲取的经验还有,必须在社会关系和制度中通过文化生产和消费来研究文化,这也是跨文化传播本土研究增强自身阐释力和批判性的必修课程。文化研究对文化进程与种族、性别和阶级关系的关注,以及对导致各种形式的压迫的意识形态和权力的批判,也为跨文化传播研究考察整个文化领域的变动提供了广阔、综合的框架,有益于把握全球社会中动态的、变化莫测的文化活动,以及全球市场中控制文化与传播的逻辑与力量。这其中隐藏了本土乃至世界文化的各种"秘密"、复杂权力关系乃至变动趋势。

第三节 跨文化传播研究领域的理论

理论提供的是相互间有逻辑联系的概念和命题,是具备一定"普适性"的解释机制,帮助研究者预测、解释和控制相关的现象和行为。20世纪50年代至今,跨文化传播研究使用的理论颇为庞杂,大致包含:文化传播与文化差异理论;有关有效传播及认同的协商与管理理论。

一、文化传播与文化差异理论

关于文化与传播的关系的理论,较有代表性的有传播与文化的建构主义理论、意义的协同管理理论等。有关解释传播过程中文化差异的理论,主要包括面子—协商理论、会话制约理论和违反预期理论等。

1988年,詹姆斯·阿普尔盖特(James Applegate)等将传播与文化之间的关系引入建构主义理论中,其核心在于对传播与文

第二章 跨文化传播相关研究

化关系的研究。

1988年,通过考察文化在意义的协同管理中扮演的角色,巴尼特·皮尔斯(Barnett Pearce)等提出了意义的协同管理理论。这一理论主要有三个目标:第一,尝试去理解;第二,在承认文化异质性的同时,寻求不同文化的可比性;第三,寻求对包括研究者在内的各种文化实践的启发性评论。这一理论的核心观点在于:所有的传播都是各不相同的,也是社会的;人类传播天生就是不完美的,道德秩序是传播的组成部分;对于传播过程中信息的传递与对信息的解释而言,多样性(diversity)至关重要。就实质而言,意义的协同管理理论也是一种规则理论,阐明了人们如何以规则为基础来进行阐释和活动。根据这一理论,所有规则都是在一定的语境内发生作用的。语境是阐释和行动的参考框架,一个语境通常嵌入另一个语境,每一个语境都是更大的语境的组成部分。总之,要理解传播活动,必须把握个体以规则为基础对其传播活动的阐释,这一阐释与语境本身密不可分。

此外,意义的协同管理理论还指出:人们可以在互不了解的情况下取得令各方满意的、近乎完美的协同。换言之,传播各方可以运用对各方都合乎逻辑的方式来组织他们的行为,与此同时,传播各方对意义可以有不同的理解。例如,演讲者和听众之间可以达到很好的协同,演讲者热情洋溢,听众反响热烈,双方都感到满意,演讲者认为自己影响和说服了听众,听众也感到愉悦。不过,用不了几个小时,听众就会忘记演说的内容。

面子—协商理论对由中西方文化造成的传播差异提供了独特的解释,其核心观点是:文化的规范和价值观影响并改变着文化成员如何管理自己的面子以及如何面对冲突的情境。这里的"面子"(face),是指在他人在场的情况下一个人的自我形象(self-image),意味着个体在自身文化许可的范围内以任何方式获得的良好的自我感觉。1955年,欧文·戈夫曼(Erving Goffman)提出了面子行为理论(the theory of facework),认为人际交往涉及面子,一个人要想自己不丢面子,最好的办法就是不去伤害他人的面子,当面子受到威胁,人们也会采取"面子行为"(facework)以求保全这里的面子行为。1985年,在面子行为理论的基础上,丁允珠(Stella Ting-Toomey)通过冲突研究提出了面子—协商理论,对个人主义和集体主义文化造成的传播差异做出了解释,其核心观点是:价值观影响了不同文化成员对面子和冲突情景的处置方式。

丁允珠认为,面子是由参与传播的双方共同决定的,如果置于冲突的情境,个人主义成员与集体主义成员之间是存在差异的。个人主义成员关注的是对自我面子的保全,集体主义成员关注的是对他人甚至双方面子的保全。当置于可能发生冲突的情境中,个人主义成员往往会直接攻击,而集体主义成员较少进行个人攻击,更为关注的是回避矛盾和巩固关系。总之,根据这一理论,冲突的实质,就是个体原有的认同或面子受到威胁或质疑时的一种"面子—协商"过程,涉及一整套操作程序,包括面子策略的实施、语言和非语言的动作、自我表现行为、印象管理互动等。

会话制约理论的核心假设是:人际会话是目标导向的,需要传播者之间的相互协作。在1993年提出这一理论之初,金明善(Ming Sun Kim)把会话受到的制约分为两种情况:社会关系(social-relational)、任务导向(task-oriented)。所谓社会关系"制约",是指把对话的重点落实在关心他人上,避免伤害听者的感情,同时尽量避免把意见强加给听者。所谓任务导向"制约",就是强调透明度(clarity),即信息被清晰传播的程度。

此外,会话制约理论还解释了不同文化在传播策略选择上的差异:在追求目标的过程中,集体主义文化的成员常常认为维护面子的行为更为重要;相比之下,个体主义文化的成员更加重视透明度。

二、有关有效传播及认同的协商与管理理论

各种聚焦于传播网络的跨群体、跨文化传播理论关注的是人们在群体/社会中所处的位置及相互间的社会关系,而不是信仰或规范,也不是静止的、与外界壁垒分明的群体本身。相关理论有网络与外群体传播能力理论(network and outgroup communication competence theory)、文化内与跨文化网络理论(intracultural versus intercultural networks theory)、跨文化工作组有效传播理论(effective intercultural workgroup communication theory)等。

1986年,金英润(Young Yun Kim)提出了网络与外群体传播能力理论,这一理论的目标在于:运用个人网络(personal network)的概念来解释外群体传播能力。金英润指出,个人网络反映了个体之间的诸多关联,其重要特点之一就是自我会有意或无意地依赖这一网络的其他成员去感知和解释他人特征与行为。他指出,与外群体成员保持频繁的接触和密切关系,有利于提高外群体的传播能力。

1988年,廉俊玉(June Ock Yum)提出了文化内与跨文化网络理论,这一理论用于分析个体的文化内网络与跨文化网络的异同。为发展这一理论,廉俊玉提出了一个核心假设:相比文化内部的行为,不同文化之间的行为具有更多的变化。通过对这一假设的论证,她提出了六个命题:第一,跨文化网络是放射状的,个体与他人连接,但他人之间并不互相关联;文化内网络是相互连接的,个体联系着他人,他人之间也相互关联。第二,与跨文化网络相比,文化内网络更为稠密。第三,与跨文化网络相比,文化内网络是一种复合的、信息多重传输的网络。第四,跨文化网络中的各种人际关联,是弱关联而非强关联。第五,与文化内网络相比,联络人(liaison)与"桥梁"(bridge)的角色在跨文化网络中更为显著,在保持网络畅通方面也具有更重要的地位。第六,在跨文化网络中,"传递性"的作用要比在文化内网络中小得多。

20世纪80年代后期,随着全球化和市场经济带动人口结构和工作环境的变化,跨文化工作组有效传播理论随之被提出和发展。这一理论主要针对的是跨国公司、全球性商业组织以及合资企业等内部文化多元的工作团队的内部互动与合作,目的是揭示文化和文化多样性如何影响组织内传播过程,以及这一过程如何对工作效率产生影响。该理论的主要假设包括:第一,跨文化工作组是一个包含投入、过程、产出的系统,该系统受到工作组所处的特定背景——客观环境、组织结构、文化状况和既定任务等因素的影响,每个因素都会引导和制约组织成员之间的互动行为;第二,文化影响传播行为,组织成员的文化价值观、自我建构、多元文化背景不仅影响个体成员的行为,同时也会影响整个工作组的集体行为;第三,个体成员积极参与组织互动,了解更多的决策共识以及与其他成员相互尊重的沟通,均为良好的组织内传播行为,与此同时,个体成员的行为亦会受到生产效率和组织凝聚力两个方面的影响。跨文化工作组有效传播理论还有一个提示:传播是工作组效率得以提升的重要原因,为组织成员提供相关的传播培训势在必行。同时,跨文化工作组的领导者应帮助组织成员通过对话建立相互间的协作和共识,并对组织内传播的过程进行跟踪,对有效和无效的传播行为及时做出反应。

第四节 跨文化传播研究的方法及方法论

科学研究的价值不取决于研究对象,而取决于研究方法。在科研实践中,研究方法往往比研究结论更重要,结论是对多种可能的一种选择,方法则是创造不同选择。下面将对跨文化传播研究的方法及方法论进行总结分析。

第二章 跨文化传播相关研究

一、跨文化传播的方法

(一)话语分析

话语分析(discourse analysis)源自 20 世纪中后期西方语言学界面向符号和言语活动的研究,主要特点在于:探究话语和语境的关系,把握话语中隐含的观念结构、意义、认知和记忆,发掘其背后的价值立场、意识形态、权力关系以及思维方式,同时,考察参与话语活动的主体与社会事实之间的互动关系。因来自不同理论和学科立场,有关话语的定义差异甚多。

在语言学的视域下,话语主要是指社会互动过程中呈现的丰富和复杂的语言和言语方式,包括口头语言、书面语言及两者的延伸部分。话语的物化形态,通常是大于句子的、连续的语言交际单位,"文本"是话语的一个向度,也是关于事物、事件或现象的叙事(narrative)。叙事是基本单位,对话是根本条件。在语言学研究看来,话语构成了社会生活的主要甚至是核心部分,日常生活多是通过语言生活实现的,日常会话、大众传媒、商务谈判、法律文件、文学作品等,都在话语的范畴之内,且具有特定的意图、主观意向或特定的目标,反映着人们对世界的理解和表达方式,并受到传者、受众、文本、语境、传播方式等诸多要素的制约。

1952 年,泽利格·哈里斯(Zellig Harri)发表《话语分析》(*Discourse Analysis*)一文时,将话语分析的重心还放在语言文本上。其后,话语分析持续受到理论语言学、结构主义语言学、语用学等语言学分支的影响,还从社会学、心理学、哲学、人类学等学科吸收了经验,不再把语言仅看作研究者反映客观世界、表达思想的中介或工具,而是把语言当作研究对象本身;不是假设研究对象的叙事反映了什么事实,而是分析在不同的语境中为什么会有不同的叙事以及这些叙事被建构的过程和效果。

在语言学话语分析的实践中,主要秉持着三个基本观念:第一,说话者会受到特定语境的影响;第二,说话者会有策略地运用语言以达到自身的目的;第三,有策略地生成或理解语言活动,受到特定文化的影响。话语分析对话语与语境关系的重视,也体现了质性研究重视语言的理念:语言不只是反映世界事物与表达主观认识的媒介,也是构成社会活动或社会现象的主要因素;话语的意义是在历史和文化中生成的,并随着历史的变化而改变。

从20世纪60年代后期开始,建构主义思潮兴起,主张解构传统的经验研究模式,提倡新的、多元的方法论或认识论,认为人们获取的一切知识并不是对客观"实在"的反映,而是与社会和文化因素密切相关的建构之物。人们对社会事物的认识,不是取决于经验有效性,而是取决于社会行动过程,如沟通、磋商、话语等。在建构主义的影响下,话语分析开始强调把语言过程和社会现实联系起来,将话语置于特定的社会关系中,考察语言含义、认同建构和权力之间的关系。

20世纪60年代之后,不同领域的研究者进一步认识到:语言使用中发生的变化是与广泛的社会文化过程联系在一起的,社会的一切运作都离不开话语及由话语形成的文本。在经历了跨学科发展之后,话语分析已从语言学进入关注文化与社会现实的不同学科,社会学、人类学、文化研究、传播学、政治学等诸多学科都在积极尝试这一方法,把话语分析应用于社会、文化乃至制度过程等领域,研究主题越来越丰富、呈现出跨学科和多样化的特点。知识界对话语分析的实践优势也达成了一些共识,包括话语分析具备微观技术分析的科学性,也具备宏观社会文化剖析的人文特点,有可能对以往的许多研究做出补充,揭示这些研究中被遮蔽和忽略的层面。

对跨文化传播研究而言,由于不同的话语对应不同的族群、知识、权力关系和意识形态,不同的文化、族群及其成员也都是由话语建构并受话语约束的。借由话语的生产、诠释机制及其与社会的关系,可以解释跨文化传播研究所涉的诸多议题,包括不同文化内部的社会关系、社会认同的建构机制等。话语并非来自真空,而是通过它所嵌入的文化群体和复杂的社会结构之间的相互作用而产生的。处于跨文化交往中的种种话语,都是分析文化与社会现实的构建和变动趋势的重要途径。研究者需要在互动中探索话语的本质,特别是考察话语在各种交往语境和场域中的意义表达,及其如何建构社会现实、社会关系、社会地位等。

近年来,中国学者在话语分析的应用方面展开了积极探索,积累的经验有待跨文化传播本土研究的关注。其中,施旭提出了建立"当代中国话语研究范式的构想,即将中华文化话语作为东方话语中有个性的一部分,考察其与西方话语的复杂联系和本质区别,以厘清各自特殊的世界观和思维模式;及特有的意义生成和解析的策略"。

(二)跨文化比较

作为文化人类学的基本研究方法,跨文化比较(cross-cultural comparison)被广泛应用于社会学、心理学、民俗学、语言学、文学等领域,也是跨文化传播学术领域常用的研究方法之一。

跨文化比较作为研究方法的主要特征,是通过对在不同文化中获得的资料进行比较分析、验证假设,从文化现象的差异和独特性中,找出不同文化所具有的共同要素,以及文化中内含的某种规律或通则。进一步说,跨文化比较并不单独观照单一的社会或文化的某一方面,而是力求避免单一环境狭窄范围的界限,在更广阔的视野中寻找社会文化变迁的由来及科学解说,为研究者深刻把握人类行为提供可能。

在古希腊时代,一些学者就运用比较方法展开对希腊与波斯的社会与文化研究。19世纪的孟德斯鸠、孔德等也通过比较来确定和解释社会间的差异和共性。孔德还指出,比较方法作为实证科学的基础工具,可用来发现人类最基本的法则——进化法则。洪堡特在1836年出版的《论语言结构的差异对人类精神发展的影响》(*The Heterogeneity of Language and Its Influence on the Intellectual Development of Mankind*)中,通过对人类语言结构的比较去探究不同的语言对人类精神发展的影响,不仅对后来的语言学研究产生了深远影响,也是了解早期人类学及其比较研究的历史的重要典籍。爱德华·泰勒在1888年发表的《制度发展的一种调查方法》(*On A Method of Investigating the Development of Institutions*)一文,以多达350个民族单位的资料为基础,对社会制度各要素之间的相关关系进行了分析,被认为是运用跨文化比较方法的早期代表。博厄斯在1928年出版的《人类学与现代生活》(*Anthropology and Modern Life*)中指出,比较研究不能局限于仅仅比较发展的结果,还必须比较发展的过程。在他的影响下,玛格丽特·米德在1935年出版的《三个原始部落的性别与气质》(*Sex and Temperament in Three Primitive Societies*)中,对新几内亚三个不同部落的社会结构、生活方式和性别角色等方面进行了比较研究。

半个多世纪以来,中国学者的一些研究实践证明了针对中国与其他文化的比较研究,有助于深度探寻中国与西方等不同文化之间互动、参照与发展的历程。20世纪40年代,许烺光出版的《中国人与美国人》在婚姻、政治、经济体制及观念等几个方面进行中美比较,并提出:美国人看重自我依赖的"个体中心"(individual-centeredness),中国人的生活方式则看重相互依赖的"情境中心"(situation-centeredness)。同期,费孝通出版的《被土地束缚的中国》(*Earthbound China*)选择了地处中国沿海地区的江村和云南内地的禄村、易村和玉村进行比较,通过社区调查逐步接近、认识社会的全貌,最终提出了有关中国土地制度的理论,并形成了有关中国社会结构的基本框架。

近年来,麻国庆以中日家族主义与家族结构为主题展开比较研究,基于家亲戚、同族的概念进行剖析,就中日两国的家、村落及社会结构进行比较继而指出:中日社会结构的这种构成差异,使两国的现代化道路各不相同——中国的传统社会结构中相比

第二章 跨文化传播相关研究

日本有更多的不利于现代化的因素。李卓对中日两国家族制度的比较,从中日两国自古以来的婚姻形态、家族制度的演变和特点、家族制与社会伦理道德等方面展开,指出"两国在家族的发展史、结构、伦理、功能等方面存在着明显差异,在此基础上形成的国家伦理体系与国民道德准则也相去甚远"。

跨文化研究方法也有一些局限和不足。为解决比较研究方法精确性不足的问题,拉德克利夫·布朗还提出,要区分两种研究途径:共时性研究和历时性研究。其中,共时性研究关注的是历史上某个特定时期的文化,力图发现的是在资料所呈现的许多特殊性之下起作用的普遍性,因此需要尽可能多地比较各种文化类型;历时性研究注意的是文化变迁的过程,力图发现的是这种变迁过程的一般规律。

二、跨文化传播的方法论

积极而有价值的学术思考需要遵循方法论的意义论定和研究方法的功能规定。跨文化传播研究的目标是探究不同文化交往的行动和行动者所处情境之间的意义关联,从中寻求值得信赖的科学解释。针对这一目标,研究者要适应现代人文社会学科的发展要求,具备开阔的学术视野,也要配合客观和严谨的研究手段。下面就具体分析跨文化传播的方法论取向。

(一)实证主义与人文主义的分野

作为各种量化研究方法的方法论,实证主义(positivism)长期占据西方社会科学研究的主流。依据实证主义的主张,社会事实存在于人的心智之外,为永恒的自然规律与机制所控制,研究者与研究对象是独立的,应排除研究者的价值观或偏见,严格忠实于观察和经验去掌握事实及其规律。在实证主义的认识论假设中,有几个核心的主张:第一,只有通过被观察的经验获得的知识才值得被认真考虑;第二,构成事物的基础是不能再切分的原子,这些原子构成了科学研究的基础;第三,研究者对事物的观察要追求客观性,应避免来自观察者的主观因素的影响;第四,科学的目的在于发现"普适"规律,即从寻找特殊目标的规律开始,去验证科学发现能否被应用于更广泛的对象。

19世纪中期,孔德、斯宾塞等受到近代自然科学发展的影响,认为社会现象和自然现象并无本质区别,社会科学应以自然科学为参照,建立统一的、实证的知识体系,因为只有通过"观察、实验获得的经验性知识才是真正的科学知识"。1895年,涂尔干在《社会学方法的准则》(Sociological Methods Criteria)中较早论述了实证主义的方法论原则,并提出了一个著名观点:作为物的社会事实外在于人的意识,具有"外在性""强制性"和"普遍性"等特征,观察社会事实的基本原则就是把社会事实作为物来考察,故此,要摆脱一切"预断",科学地研究社会事实,即"一种社会事实的决定性原因,应该到先于它存在的社会事实之中去寻找,而不应到个人意识的状态之中去寻找"。至20世纪四五十年代,通过大批研究者特别是美国学者的改造,西方学界出现了一种操作性的实证主义(instrumental positivism),实证主义进入兴旺发展的时期。基于统计科学的发展、抽样理论的创立,尤其是乔治·盖洛普(George Gallup)创立的美国舆论研究所(The American Institute of Public Opinion)在民意调查方面的成功,抽样问卷调查、多变量统计分析及检验技术逐渐成为社会科学研究方法的主要工具。20世纪80年代之后,各种辅助性的研究工具包括电脑迅速普及,加上各种统计软件大量涌现,实证主义继续大行其道,主导着不同领域学术实践的技术操作。

依据实证主义,科学是最高形式的,也是唯一真正形式的知识,所有知识都必须有经验基础,凡是不能用实证方法加以检验的问题都是"形而上学"的问题,应该置于诸科学研究范围之外。进一步说,科学应以中立的方式来运行,不能受到私人的、伦理的、道德的、社会的或文化价值的影响,并避免"印象主义的臆想和未经证实的见解"。以实证主义为指导的量化研究,即是模仿自然科学,倡导精确定量,注重数据分析,研究结果要求可重复、可检验,力图"将复杂的社会现象化约成少数变项,建立其间的因果关系,组成精简的结构,企图以最少的因素解释最多的现象"。基本步骤大致包括:通过假设性演绎,建立理论假说;收集数据;用统计模型测试自变量与因变量之间的相关性;得出自变量与因变量是否相关、在多大程度上相关的结论,并确立和描述因果关系。在长期的研究应用中,量化研究也形成了一整套操作技术,包括抽样技术(如随机抽样、分层抽样、系统抽样、整群抽样)、量化资料收集技术(如问卷法、实验法)、以数理统计为基础的资料分析技术等。

由于实证主义排斥了人类社会的观念和社会事实的复杂性来体现科学性、客观性,自然而然地受到了人文主义学者的长期抵抗,后者认为:量化研究方法对技术的过度依赖及价值中立的研究原则等影响了科学研究的整体性、意义性与动态性,不能在微观层面对社会现象进行观察分析,亦无法对未定的、难以验证的社会发展趋势展开研究。在19世纪后期,威廉·狄尔泰(Wilhelm Dilthey)和马克斯·韦伯等就强调社会历史过程及其认识方法的特殊性,反对实证主义力图揭示社会历史发展一般规律的做法,强调对社会历史过程中的个别人物和个别时期的认识,反对实证主义将本质上形形色色的现象归结为简单的要素和规律。

一个多世纪以来的人文主义的方法论主张,可概括为两个方面:第一,所谓"现实"是历史的产物,是在历史发展的过程中被社会、政治、文化、经济、种族和性别等因素塑造而成的,并非是实证主义意义的"纯"客观现实;第二,人类的行为是一种有意义的行为,它通过人的意义及情感作用来完成所有认知及有关的价值活动。因此,应该站在相互主体的立场,交换彼此的观点,诠释行为的意义,进而建立日常生活中共同认可的规则或知识。波普尔曾指出:人类社会生活是互动的过程及结果,任何对"社会真实"的研究,必须基于生活于其间的人们的主观经验;科学方法是由科学目标决定的,研究方法和手段只相对于具体目的才有意义。胡塞尔认为:个人的主观经验不知不觉地经过过滤,研究者必须意识到这层"滤网"的存在,并且设法将之剥除,方能真正了解纯粹的主观经验。马林诺夫斯基也做出过深刻的思考,"科学方法明显不是人文学科领域中唯一的关注点和灵感源泉",道德或哲学的观点,美学的、人道的或神学的热忱或灵感等"是所有人文学科的合法动机","但科学至少作为一种工具,一种达到目的的手段,还是必不可少的"。总之,研究者亟须在科学和人文之间建立某种平衡,"人文学科永远不会没有艺术的、情感的、道德的因素。但伦理原则的内在精髓正是中肯确切,这一特质只有在伦理像依赖情感一样的忠实于事实的时候才能获得"。

20世纪60年代之后,来自不同理论传统的人文主义思考汇聚为一种新的研究范式——质性研究(qualitative research),即以研究者本人作为研究工具,在自然情境下采用多种资料收集方法,对社会现象进行整体性探究,主要使用归纳法分析资料和形成理论,通过与研究对象互动获得对其行为和意义建构的解释性理解的一种活动。质性研究强调,研究者与被研究者之间是一种"主体间性"的关系,研究不再只是对一个固定不变的"客观事实"的了解,还是研究双方彼此互动、共同理解的过程,因此其具备了更多富有弹性的、创造的、反思的、过程的、参与的特质,与量化研究的差异不仅表现在收集资料的方法与技巧,整理、统计资料的程序或者分析资料获得结论的模式上,更表现在各自认识世界的观念层面上。由于受到现象学、诠释学、批判理论、符号互动主义、女性主义等不同学说和知识的影响,质性研究强调主体性在认知过程中的重要性,期望把握"更真实且耐人寻味的真理"。

陈向明指出,由于发端于不同的理论和学科传统,质性研究仍处于不同传统的张力之中,"一方面,它注重对研究现象做后实证的、经验主义的考察和分析,强调的是自然主义的传统,注重对研究结果的'真实性'和'可靠性'进行探究;另一方面,它要求研究者对研究现象进行'解释性理解',强调的是阐释主义的传

第二章　跨文化传播相关研究

统,关注研究者与被研究者之间的主体间性和'视域融合'。而与此同时,它又意识到任何研究都受到一定政治、文化、性别和社会阶层的影响,注意研究中的权力关系,注重研究对知识建构和社会改革的重要作用,因此,它又具有一种后现代的批判意识"。譬如,在现象学的影响下,质性研究注重整体性、情景性和关联性,对现象进行具体的、原汁原味的描述;在阐释学的影响下,质性研究把理解视为研究的主要目的,认可研究者的"偏见"(bias),强调通过研究者与被研究者的共同努力来实现对研究对象的理解;在批判理论的影响下,质性研究不为求证真伪,而是把能否消除参与者的无知和误解视为衡量研究价值的标准。

在具体的研究策略上,质性研究强调描述和归纳,为避免将既定的价值强加在被研究者身上,在研究起始一般不预设理论架构或假设,主张以长期、第一手观察的形式,近距离观察社会及文化现象,放弃数字,搜集的资料是故事,不是数据,观察记录则是笔记式的描述。通常采用观察(observations)、访谈(interviews)、档案分析(documents)等手段,在自然条件下收集资料,以不破坏被研究者的生活环境为前提,以求完整地把握被研究者的世界。在这里,质性研究的观察不同于量化研究的客观观察(objective observation),一般采取参与观察或半参与观察,即观察者与被观察者在一起活动、生活,在相互接触中倾听、观察其言行方式和内容。质性研究的访谈,一般是无结构的开放式深度访谈,多采用一对一的面对面访谈(face to face/one on one)、电话访谈和焦点访谈(focus interview)等方式,要求访谈者了解被访者对研究问题的理解、思维方式,给被访者留有充分的思考和语言表达余地,并按照被访者的思路、交往方式、语言表达习惯来讨论问题。

基于这些理念和种种不同的做法,质性研究在探究社会现象、阐释意义,以及发掘深层社会文化结构方面逐步体现出一些独特优势,方法体系也渐次多样化,包括参与与非参与观察、个案研究、深度访谈、行动研究、焦点(主题)小组法、民族志、扎根理论、叙事研究(内容分析、话语分析、口述史、音像资料)等多种形式,被广泛运用于人类学、社会学、历史学、心理学、政治学等领域。

（二）量化研究与质性研究之辨

20世纪下半叶,世界政治和文化格局中都出现了"去中心""边缘与中心互换"的后现代趋势,解释学、现象学、批判理论等各种思潮相继兴起,社会与文化研究领域的学者进一步认识到:学术研究不可能做到全面的客观、中立,知识不是普遍真理的化身,而是话语霸权的结果,总会不同程度地受到政治、文化、性别和社会阶层等因素的影响。与此同时,人类追求知识的努力也显现出一种日益鲜明的态势:从传统到现代、后现代,从封闭到开放,从一元到多元,从事实描述到意义解释,从论证理论到建构"现实",从追求"科学"到重视人文,从"客观性"到"主体间性",从写语言到"写文化",从宏大理论到地域性知识,从价值无涉到价值有涉,从学术研究到实践行动。

由这一时期开始,量化和质性研究的争论更为激烈,且超越了单纯的哲学认识论和方法论的分歧,"产生了不同的研究期刊,不同的研究基金来源,不同的专家,不同的具体方法,甚至是不同的科学语言"。针对不同领域学术实践中量化研究的盛行,一些研究者还认为,由于量化方法要求依据固定的标准和程序进行理智运作,而不必有效指涉整体现实,科学对象因此被简化而维持学术运作,研究者似乎成了控制和摆弄数学公式和模型的专业技术人员,而将科学研究的主体性、人文性和思想性抛置脑后,由此也就导致了思想的"贫瘠",并使人类面临的重大社会、文化问题被束之高阁。胡幼慧曾反省了自己使用多年的量化方法:量化研究的泛滥"已使得大部分研究缺乏社会洞察力,对社会的改革更显得万般无力",因此,必须引进不同的研究典范,打破这个僵局。

量化研究面对的质疑还在于其认识论假设,即人类行为像自然现象一样具有秩序、普遍性和可预测性。但是,"我们所要面对的文化世界却更像云一样,难以预测"。文化现象总是发生在一

第二章　跨文化传播相关研究

定的社会情境、社会关系、制度结构和历史背景中,多是不确定、不可重复、不可预测的,从来没有哪种测量工具能可靠、有效地度量人类的文化行为,研究者也不可能把人们请进实验室去创造理想的文化生活,更不可能在某个族群中反复进行完全相同的文化试验。拉尔夫·林顿就此指出:"直到最近,科学的倾向仍是日益朝向关于形态的精确分析,即针对部分的研究而不是整体性的研究。直至今日,虽然关于形态的重要性已经被普遍意识到,但是缺乏处理此问题的方法。最后,一个严重的障碍还在于,对于大多数社会与文化现象,缺乏精确的和可证明的衡量标准。除非这种标准能够建立起来,否则在其他科学领域中已经被证明是相当有效的教学方法将无法得到应用。"

在一些研究者看来,拘泥于实证主义的学术研究,往往只能局促地观察和描述个别事实,难以达到对复杂事件的全面认识。相比之下,质性研究更适用于在具体的文化、历史背景和具体的情境中把握现象和事件的意义,也往往能比量化方法提供更多、更有用的信息。

还应注意的是,与量化研究主张"价值中立"不同,质性研究并不回避价值判断。同时,质性研究更有利于揭示研究设计中隐含的、通常被认为是理所当然的价值观念。在质性研究之初,研究者应明确告知被访谈者自己的态度和价值观;进入资料分析阶段后,研究者不需要排除自己的主观性,而要充分利用自己的理性判断能力;在研究报告撰写之时,研究者也可把自己的态度和信念包括可能产生的偏见,体现在报告的文字中,并分析自己受到何种价值的影响才得出当前的结论,同报告的读者"一起反思研究过程,让读者详细了解获得结论的方法",以避免研究者和读者共同陷入单一或武断的结论。总之,在质性研究看来,主观性不只是偏见和扭曲的来源,其本身也是一个有规律可循的领域,"对客观对象的研究需要客观的方法,对主观意义的探讨需要主观的方法"。

为寻求值得信赖的研究结果,1978 年,诺曼·登金(Norman

Denzin)提出了一种将量化研究与质性研究整合在同一研究中的多元方法——"三角测量法"(triangulation),即以"三角测量法"的思考逻辑代替线性的思考逻辑,通过合并不同的方法来导出"策略"。这一"多元方法"的目标,不在于验证假设,而在于寻找值得信赖的资料和可以互相呼应的最佳诠释,因为任何一种资料、方法都有其偏差,必须纳入多种资料和研究手段,才能提升学术研究的可信度。登金还确定了四种类型的"三角测量法":数据三角测量(data triangulation),涉及时间、空间和人;调查者三角测量(investigator triangulation),关联到一项研究所涉的若干研究者;理论三角测量(theory triangulation),在解释现象时,使用超过一种的理论框架;方法三角测量(methodological triangulation),使用访谈、观察、调查问卷和档案等一种以上的方法收集数据。经过不同领域研究者的验证,已证明这种方法能在一定程度上兼容量化与质性研究的优势,可帮助研究者以不同方法收集、分析不同资料,并予以相互检视、补充。从其根本特性来说,这种方法亦有质性研究的特色,知识建构更为多元、透彻,能够为理解研究对象提供更多的思路和多样化的语境。可以说,"三角测量法"的效用提供了一个积极的启示:只有把量化研究与质性研究两者的优势、不足以及适用条件等问题进行有机的组合,才能发挥最大的功用。

　　跨文化传播学从诞生伊始就处在实证与人文的张力中,如陈国明指出的,主导跨文化传播研究的三大范式是:实证主义、解释范式和批判范式。虽然这一学科首先继承的是人类学、语言学的传统,但在20世纪80年代之后,跨文化传播学的发展已由传播学出身的研究者所主导,在理论与研究方法上大致承袭了既有传播理论与实证研究方法,也因此形成了实证主义、解释范式与批判范式"三足鼎立"的局面。其中,解释范式与批判范式均可归入质性研究范式,实证主义则成为研究的主流。研究者曾针对跨文化传播研究领域的国际知名期刊《跨文化关系国际杂志》(*International Journal of Intercultural Relations*)进行

第二章 跨文化传播相关研究

统计,在 1999 年至 2002 年该刊发表的 151 篇文章中,采用量化方法的实证研究文章为 110 篇,占总数的 72.85%。这些实证研究强调的是把各种文化现象的指标量化,研究对象主要是可观察和实验的文化现象与事件,通过诸如观察法、实验法、计量法、问卷法等收集数据资料。不过,由于这些研究局限于计算手段和数据分析,多数更像是统计技术和数量分析的展示,不免陷入烦琐和以偏概全的境地,客观上造成了研究成果与现实生活脱节的局面。更为重要的是,由于"极端化约"的实证研究漠视跨文化差异,容易导致产生"以西方为全球标准"的理论,把"文化特殊性"(specificity)扭曲为抽象的"普遍性"(generality)。

就中国内地跨文化传播研究的实际而言,由于各种主客观条件的限制——量化研究对辅助性学科(如统计学)知识的依赖程度很高,且需要较长时间和较多经费,因此量化方法长期缺位,多数研究者对量化方法的研究手段、研究设计和研究程序等环节缺乏基本了解。在这个意义上,提倡实证主义、注重对量化研究方法的训练和规范,可被视为一种纠偏。还应看到,同样是由于许多主客观条件的限制,目前,中国的跨文化传播研究中也缺乏真正意义上的质性研究,许多成果只是把质性研究作为文本的"点缀"或"修饰",而不是来自研究本身的需要,更难做到量化和质性两种方法的彼此参照与结合。

对于中国跨文化传播研究的现状及未来一个时期的任务而言,积极开展有科学价值的量化研究,或是主张深入到位的质性研究,都有重要的理论和现实意义。毕竟,研究方法的效力决定于它与研究对象的适用关系,而量化和质性研究虽有差异,亦有一些共同特征,如两者的操作对象都是可观察的现实,两者都为建立或检验理论提供经验证据。最重要的是,两者都致力于系统性地收集资料,以避免个人观察中易于出现的错误,如过度概括、选择性观察等。孙五三就此指出,某些特定的研究问题既可以采用量化方法,也可以采用质性方法,只要是恰当有效地运用,都是科学研究合乎逻辑的做法,针对同一个问题综合使用量化和质性方法,往往能改善研究结果的效度。总之,过多强调研究方法和方法论的对立与优劣,终究徒劳无益,且会造成具体的研究程序乃至研究者之间更多的分歧,不如在实践中充分研习各种研究工具,通过研究本身进行方法的比较和对话,并尝试与复杂的本土语境和现实更好地融合,以此为基础,探索量化与质性研究结合的路径。

无疑,这将是一个综合的、全方位的努力,关联着研究者个体的研究能力、学术理想,其结果取决于这一领域共同面对的社会期待,也决定了跨文化传播研究将以何种姿态介入社会现实。

总体而言,对跨文化传播进行探究,首先要了解跨文化传播学理论的框架建构,即认识跨文化传播学的发展历史,了解跨文化传播学的学科基础,把握跨文化传播研究领域的理论,掌握跨文化传播学研究的方法。

第三章 跨文化传播的研究维度：时间与空间

跨文化传播的研究由于涉及内容、层次比较多，因此，对此方面的研究就涉及多个领域。为了深入剖析跨文化传播的内容与层次，有的学者就从时间维度展开研究，而有的学者则从空间维度展开研究。因此，本章就结合先前学者的研究成果，探讨跨文化传播的研究维度：时间与空间。

第一节 跨文化传播研究维度之一：时间与文化

我们通过自己的感官以多种方式参与到世界中去。在所有方式中，时间架构起的参与方式最为复杂。简而言之，时间可以通过我们的出生、孩童时期、成年时期、老年时期直至死亡来对我们一生的体验进行标注。这些都是最基本的人类体验，然而我们却需要语言来对它们进行表述。正如我们已经讨论的那样，语言就是文化。因此，语言的多样性使得人类表达时间的方式也呈现丰富多彩的差异性。

一、文化中的时间

不同领域的研究中使用的时间概念大致有三类，即物理时间、生物时间、文化时间。

物理时间是由一些精密科学（如天文学）进行研究的、能精确计算的时间。

生物时间是由自然科学进行考察、以生物节律来测算的时间。

文化时间是指"人类的社会时间",针对的是"不同文化中的人们对于时间的态度以及对时间的控制方式"[①]。

本书所涉及的时间主要是指文化时间。

在跨文化传播研究中,时间被视为文化差异较大、易于产生传播失误的一种非语言符号。时间学指的是"对时间的使用、代表的意义及其传播行为的研究"(孙英春,2008)。

每一种文化都有自己的时间。学界划分的不同文化的时间取向主要有三种类型:在不同文化中,时间既是线性的,也可能是循环的;是过去的、现在的,也可能是未来的;是单向的,也可能是多向的。

(一)过去取向、现在取向与未来取向

过去取向(past-oriented)的文化代表国家有中国、日本、英国、法国。在中国传统社会中,"知天命""畏天命""温故而知新""死生有命,富贵在天"等思想,都体现了过去取向的时间观念。这一观念在祭祖习俗、对年长者的尊重、对传统的维护等行为上均有体现。

与过去取向不同,美国文化是未来取向(future-oriented)。多数美国人认为,回归过去是没有出路的,同时,他们不太在意目前,虽然当下生活非常幸福,但是他们相信未来会更幸福。在这种取向影响下,美国人很少循规蹈矩,不能忍受拖沓和慢节奏的生活方式。

现在取向(present-oriented)认为,人们在时间上倾向于注重现在,对于自己不能控制的未来,他们不愿预测。现在取向强调享受当下的快乐,在个性上无拘无束,乐于选择轻松自在的生活方式。

[①] 孙英春.跨文化传播学导论[M].北京:北京大学出版社,2008:76.

第三章 跨文化传播的研究维度：时间与空间

（二）线性时间与循环时间

线性时间（linear time）将时间的流逝视为一种线性的单向持续运动，认为"时间可以节省，也可以浪费，可以丢失，也可以补偿，可以加快，也可以放慢，也会最终消失殆尽"（爱德华·霍尔，1988）。

循环时间（circular time）是将时间的变化协调于自然状态，相信时间始终沿着永恒的圆周或螺旋运动，具有一种节律性、周期性、可逆性和连续性，如昼夜交替、季节往复等。事物演变的基本规律是盛极必衰、否极泰来。

在西方文化中，线性时间占核心地位；在东方文化中，循环时间占核心地位。

受历史传统的影响，西方文化的主导文化将时间理解为有始有终的线性运动，即认为过去、现在和将来之间存在着清晰的分割，强调将重点放在未来。在线性时间取向的影响下，在近代以来的西方社会，人们珍惜时间，既不愿意浪费自己的时间，也不愿意浪费别人的时间。

东方文化中的是循环时间。太阳每天升起落下，季节循环往复，每个人都从年轻到衰老、死亡，子子孙孙永远如此。时间被视为一种强大而神秘的力量，具有控制一切事物的功能。

值得提及的是，在中国文化传统中，线性时间和循环时间同时存在。儒家文化重视历史，提倡以史为鉴，通过研究过去来指导现在和未来。《论语》中"子在川上曰：逝者如斯夫，不舍昼夜"，体现了孔子对待时间的态度：时间如河水，不分昼夜地流过。但是，中国的线性时间取向毕竟不如西方，而隐现在中国文化传统深处的循环时间对于中国人的影响更深。

（三）单向时间与多向时间

爱德华·霍尔提倡单向时间（monochronic time）与多向时

间(polychronic time)的时间范畴。

单向时间强调日程、阶段性和准时性,倾向于做出准确的时间安排,一般会对任务取向的活动与社会情感活动进行区分,把重点放在未来而不是过去和现在。美国人就是典型的单向时间取向,他们把时间视为一条通向未来的道路或纽带,人们喜欢向前看,喜欢着眼于未来。

霍尔认为,很多亚洲国家以及拉美、非洲国家属于多向时间文化。这种取向强调的是人的参与和传播活动的完成,并不过分在乎是否严格遵守预定的时间表,通常可在同一时间内做不同的几件事情,往往把任务取向活动与社会情感活动相结合,更关注现在与过去,而非未来。例如,在一些亚洲国家,如果提前通知,被邀请人可能会忘记,因此最后一分钟通知也被认为是真诚的邀请。

通过对人类历史进行回顾可以发现,改变不同文化时间取向的事件有很多,其中主要有以下几种:

(1)阿拉伯人、中国人和欧洲人的环球航海和探险的开始。
(2)哥白尼学说确立了太阳是整个行星体系的中心。
(3)文艺复兴的影响,印刷机和机械钟表的使用。
(4)与工业化相联系的运输技术革命。

根据历史发展的逻辑,人们发现时间的变化对于人类行为的重构具有一定的推动作用,世界在某种程度上是在收缩的。与此同时,人们的社会眼界不断拓宽,逐渐减少了对一些固定社会关系的依赖。

今天,在高度工业化、市场取向的国家以及世界主要城市中,时间大致相似,福柯指出精确时钟是工业时代最为重要的机械发明,它使各地区的时间变得协调统一,"精确、专注以及有条不紊,是有纪律的时间的基本优点""时间单位分得越细,人们就越容易通过监视和部署其内在因素来划分时间,越能加快一项运作,至少可以根据一种最佳速度来调节运作,由此产生了这种对每个行动的时间控制"。

二、时间中的文化

(一)日常生活中对时间的认知

不同文化之间最重要的差别,甚至同一个文化之中不同亚文化之间的差异,被美国社会批评家杰里米·里夫金(Jeremy Rifkin)形容为"时间的指纹"。时间是生活世界的一个部分,而我们往往视它为一种理所应当的存在。我们对时间如此忽视,以至于只有当我们一直采用的一个时间体系面对挑战的时候我们才能意识到它的存在。当来自不同文化的人们彼此相遇,由时间文化所引起的冲突往往出乎意料,同时包含更多的问题。这里所说的时间并非钟表时间,而是一种主观体验,它包含着一个社会中最强大的共有情感或意义。个人之于时间的体验包括个人对节奏和速度的体验,包括个人在面对时间流逝的时候所呈现的不同状态,以及他们在潜意识阶段对时间所形成的诠释等这些内容的默认评价。

不同文化对于信守时间有着不同的规则。生活节奏与人们对时间流逝的主观体验有关。这些主观体验中的一种是针对节奏而言,它体现为社会活动规律性的重复模式;另外一种主观体验是针对步调而言,步调包括各种各样的同步,其中涉及人们是否而且如何在活动中与其他人的步调协同一致的问题。同时,速度也与步调的整体速度有关。

在跨文化传播的过程中,旅居者面临的挑战之一就是他们对不同文化在时间层面上的适应。比如,美国人类学家詹姆士·斯别特里(James Spradley)和马克·菲利普斯(Mark Phillips)在自己的研究中指出,旅居者在学习了一门外语之后会面临两个难题:第一是适应宿主文化在生活节奏方面的规则,第二就是适应宿主文化中对于恪守时间的规定(Spradley & Phillips,1972)。

(二)时间与日常行为和态度

不同文化对于时间的体验并不相同。随着你从一种文化进入到另外一种文化中,你会倾向于接受在新文化中占据主导地位的时间流,或像社会心理学家所讲的那样,融入那个生活世界。只不过这种融入未必意味着单方向的适应和接受。人类创造着自己所处的那个环境所持有的时间。既然人们是环境的一部分,那么他们的身体和思维就与周围的环境保持同步。因此,在亚马孙河流上日日漂流的渔民,从他们所乘坐的独木舟上观察水流变化,他们这种缓慢的生活节奏就在他们的身体和思维上得以体现。他们要比居住在大城市、行色匆匆的靠薪水吃饭的人们,衰老速度更慢,思路也更慢。

与此类似,不同的文化对"耐心"的判断也不尽相同。相比那些生活在城市文化、更关注结果和效率的人们,生活在乡村文化中的人们以及那些更关注发展过程和关系的人们会呈现出更多的耐心。正如霍尔在研究中指出的那样,不同文化对"耐心"所体现出来的不同价值判断影响着人们对报复这种行为的看法(Hall,1983)。

在快节奏的城市文化中,及时性对于正义很重要,因此,人们认为惩罚应该快速实施。但是,在美国原住民文化中,一个人可能会等待数年才实施报复。在互惠性这个问题上,不同文化也有不同看法。如果你借钱给我,我很有可能依据城市文化的特点而设定你需要还钱的具体日期。对于生活在乡村文化的人们而言,你可能在很长一段时间内都不需要偿还债务,但这并不意味着人们忘记了这些债务和自己在互惠性中应该承担的义务。

西方文化将事物作为一种物质来看待。这种物质化的审视方式往往使得西方人认为,如果没有出现明显的行为,那任何事情都没有发生。但大部分传统社会并不认同这样的观点。中国人以耐心等待而著称,但这种耐心并不意味着毫无作为。相反,等待本身创造了绝佳时刻。在等待的过程中进行思考,其实也是正在做某些事情。有学者在其研究中指出,半个小时的等待时间

第三章 跨文化传播的研究维度：时间与空间

对中国人而言并不算太长（Callis,1959）。对此，很多亚洲学者表示赞同，他们认为这个观点是对中国人等待能力的保守描述。正如罗伯特·列文（Robert Levine,1997）指出的那样，表面行为的缺失在不同文化中具备不同的意义。但是随着中国的现代化，激进实证主义的意识形态改变了人们对于速度的期待，中国人渐渐失去了耐心。

除了耐心，不同文化对"童年"也有不同的界定。我们今天在城市化和西方化世界中了解到的童年，是由欧洲人在20世纪的拐点发明出来的。随着工业高速发展，并在全球得以传播，欧洲人提出的这个关于"童年"的概念逐渐意味着人的一生中存在这样一个时间段：相对于成年时期，人在这段时间中的大部分时间应该被赋予更多的自由和更少的紧迫责任。但事实上，童年这个概念在一百年之前并不存在。即便是今天，这个概念在很多乡村文化中也没有出现。

在童年这个概念还没有出现的时候，一旦一个人可以从事成年人那样的劳动，从那一刻开始，他（她）的身体条件就被认为达到了成熟的标准。但是随着童年这个概念的出现，孩子被认为可以拥有更长的青春期，在这段时间他们可以上学、做事而不是工作。事实上，社会工业化程度越高，青春期持续的时间则越长。出现这种情况的一部分原因在于专业和生产力的细致分工要求越来越多的准备时间，也是因为过度的财富积累允许人们推迟进入劳动力生产的时间。高度工业化社会中的人们也被期待着推迟结婚和生育的时间。传统社会则与之相反，女孩子通常在十四五岁就婚嫁，之后立刻怀孕生子。

我们划分人生阶段的依据往往是发生在我们生命中特定阶段的特定活动。随着人们年龄的增长，这种活动所指的内容有所不同。在不同文化之间，同一年龄阶段所指的特定活动也有所不同。比如，在日本，上了年纪的人再度返回大学攻读本科学位的做法会被视为一种与其年龄并不相符的行为，但是这种情况在美国很普遍。

第二节　跨文化传播研究维度之二：空间与文化

空间是继时间之后的另外一个跨文化传播的研究维度。在此，我们将空间置于三种不同的意识结构中，围绕空间和文化之间的关系、不同文化对空间的不同理解以及这些空间对生活在其中的人们所具备的意义进行更为详细的探讨。

一、文化中的空间

空间语指的是人在生活中面临的诸如高低、前后、左右、疏密、远近、中心、边缘等空间关系均含有一定的意义。

空间语既涉及传播中的人际空间和身体距离，又包括对建筑、居所等固定空间的布局和利用，从而借助空间来传递一定信息。有关空间和距离的研究被称为"空间关系学"（proxemics）。

在文化研究的视野中，空间总是以社会性、文化性的空间，空间的构造以及体验空间、形成空间概念的方式，对个人生活与社会关系起着重要的塑造作用。

20世纪60年代，爱德华·霍尔在《隐蔽的空间》一书中，把具有不同意义的空间划分为固定空间（fixed feature space）、半固定空间（semi-fixed feature space）和非正式空间（informal space）三种。

（1）固定空间，即结构和功能固定不变的空间，如建筑物、街道、花园等。

（2）半固定空间，即可以移动的，功能也可以改变的空间，包括家具、图画、盆栽植物等。

（3）非正式空间，即紧紧环绕人们身体周围，随人们移动而移动的个人领地。

在霍尔之后的研究中，非正式空间也被称为"人际空间"。

第三章 跨文化传播的研究维度：时间与空间

下面重点探讨人际空间与固定空间。

（一）人际空间

爱德华·霍尔根据人际间亲昵和疏远的程度，把人际交往中的空间分为以下四种：

1. 亲密距离

亲密距离（intimate distance），指的是密友、父母、子女之间的距离，一般为 0 ~ 0.5 米。这一距离可以允许身体接触、能嗅到彼此气味、能看到彼此的面部细微表情、能感觉到身体温度、能够轻声耳语。

如果无权进入亲密距离的人进入该空间，如在电梯、公共汽车或地铁里，会在不同程度上引起人们的不安或不适。

2. 人际距离

人际距离（personal distance），即由亲昵关系向一般社会关系过渡的距离，一般为 0.5 ~ 1.2 米。

人们在非正式的个人交谈时，一般保持的距离就属于这一类型。这一距离可以看清对方的反应、可看到彼此的面部细微表情，但是不会对亲密距离产生侵犯。

3. 社会距离

社会距离（social distance），即一般传播或做生意时所保持的距离，一般为 1.2 ~ 3.6 米。

在这一距离内，传播者可以轻声谈话，但一般看不到面部的细微表情。这一距离通常出现在非个人事务、社交性聚会和访谈等场合。

4. 公共距离

公共距离（public distance）指的是正式场合的传播距离，一般为 3.6 ~ 7.6 米。该距离一般主要存在于公众性的讲话和讲演等场合。

不同文化都使用空间语来感受关系的亲密度,也使用空间语对人与人之间的交往活动进行规范。在多大空间距离中与他人交往,既与人对空间的不同解释有关,也与互动者的个人特征有关。一般情况下,同龄人站在一起时,空间距离会比较近,女性在一起时的距离也会比较近,男性与男性站在一起时会比他们和异性站在一起时的距离远。

在不同文化中,人际空间所受到的性别差异影响存在很大的差异:有些文化认可男性之间有身体的接触,而另外一些文化则禁止这样的行为;有些文化希望女性之间应比男性之间保持更大的距离,而在另外一些文化中,女性这样的行为会被理解为冷淡、漠不关心;有些文化允许异性交往时身体有某种程度的亲密接触,而另外一些文化则严格禁止这种行为。

研究者注意到,在对话的过程中,英国人、美国人和瑞典人彼此站得最远,意大利人和希腊人站得比较近,南美洲人、阿拉伯人和巴基斯坦人站得最近。

(二)固定空间

固定空间一般指的是建筑物及室内的空间和方向,能体现不同文化的价值观和态度、民族性格和交往方式。

通常,乡村、城镇、都市的设计是随时代和文化变迁所进行的有意识的设计,并且会因文化和历史的不同而有所不同。一方面,文化直接影响着人们对空间的安排和使用;另一方面,空间的安排和使用又能体现文化的主流观念。

中国传统建筑中比较典型的是四合院。四合院以北房为上,东厢房为次,西厢房再次。长辈、尊者居于中轴线的正房,晚辈和卑者则住在偏房,区别尊卑长幼,体现了名分等级。在四合院里,房间和房间之间相隔并不严密,个人的隐私权一般得不到保护。从空间分配来看,这种布局强调家庭成员的共同活动和交流,对于个人住室的分隔则不那么重视。

由于家庭成员无明显的、固定的个人住室,房间的分隔不严格,这就与院墙把家庭与外部世界严格分隔开来的设置形成鲜明对照。有研究指出,这样环境下所培养的是"家族精神,而不是公共精神,是相对的价值观,而不是普遍的价值观"。

在固定空间使用上,西方与东方有很大的差异。西方人对空间极端崇尚和高度敏感,习惯于使用空间来维护家庭或群体的领域和隐私。在北美文化中,空间则代表着权力。一方面,女性和地位较低的男人被给予和认为应该占有比男性和地位较高的人更小的空间;另一方面,地位较低者不能对别人可以进入的空间进行控制。

不同文化对固定空间的方位偏好也不同。例如,在中国传统文化中,把面南视为至尊,而面北则是失败、臣服的象征。此外,中国传统以东为首,以西为次,现代汉语中的"做东""房东""股东"都体现了中国文化以东为首。

二、空间的三种类型

就像文化时间有三种类型一样,空间也可以分为三种不同形式:感通空间、感知空间和视角空间。感通空间是一种一维的存在,感知空间是二维的存在,而视角空间则呈现出三维的特质。

(一)感通空间

严格来讲,在一维世界中并不存在所谓的空间,也不存在一维空间这样的事物。生活在感通世界的人们可能指出"那里有一只鸟",但他们并不认为他们和鸟之间的地方本身是什么事物。正如我们平时对空间这个概念理解的那样,空间与用于包围空间的物体是一对相生的存在,只有当这种包围形成的时候才会出现空间。感通世界并非一个关于包围和空间、区分和边界的世界,它是一个有关身份的世界。感通出现于时间和空间单元之前。对生活在感通世界的人们而言,世界并非一个由无数碎片组成的整体。

感通世界对不同人而言并无差别,而且在这个世界中并不存在"他者"这个概念,也没有相对于"很多"概念而存在的"单个"概念。感通世界只是一个简单的毋庸置疑的存在,或者相对受其他"世界"限制的存在。感通世界中不存在反思,也不存在因反思而带来的"距离"。这种距离的缺失使人们无法认识到"偏见"的存在。感通世界不能被客观化,因为在这个世界中,没有主体/客体的二元区分,所以,"私人所有制"也还未曾出现。

感通世界像一个点状的存在,就如感通时间一样,这个点并不指向任何方向。生与死的循环被一体化为一个过程。在这个世界里,没有过去,也不存在未来,有的只是永恒的现在。语言以及"预知未来"被视为一种充满神话想象的愿望,而不是神秘的举动。对生活在感通世界的人们而言,未来并不是分裂出来、可被猜测或者预测的个体。对这些人而言,把时间划分为所谓的过去和未来的做法并不存在。他们并不思考过去,也不细想未来。所有事物都在同一个水平线上与其他事物保持一致,这些事物彼此之间可以互换,不存在逻辑上的矛盾。

对生活在感通世界的人们而言,传播建立起了一种联通所有事物的渠道。这些事物不仅是实际的存在,更是人们情绪上、精神上直接的存在。我们或许可以把充满感通的生活世界当作一个注满黏稠凝胶的世界,如果一个人动了一下,振动就会向"四面八方""散播开来",立刻经由精神和身体的"空间",向其他所有实体施加"影响"。在感通世界中,不存在还原论所谓的"先天原因",也不存在"之前""之后""早期"或"以下"这些概念。

因此,生活在感遁世界中的人们在理论上可以与已经死去的人或者尚未出生的人进行"沟通"。诸如风、河流、天空、山岭等所有的一切都具有生命力。感通世界中的人们与宇宙中的一切事物都可以沟通交流。生活在感通世界中的人们认为一个人可以无意中给神灵发去错误的信息,因此,他们往往非常迷信,力求表达的精确,并对自己所做之事以及做的方式心存敬畏、小心翼翼。在感通世界里,所有活动都是以仪式的方式完成的,其中涉及数不尽的责任与禁忌。

空间概念的缺失使得生活在感通世界中的人们坚信巫师诵念的咒语可以跨越时间和空间而存在。

生活在旧石器时代的游牧民族并没有空间的概念。他们四海为家,到处流浪。流浪途中死去之人被葬入坟墓,下葬的过程往往与极具感通的神圣仪式密切相连。因此,这些坟墓的出现开启了旧石器时代人们对于仪式和死亡的意识,也体现了他们对于死亡的入迷和焦虑。这种对死亡的入迷和焦虑把人们一次又一次地吸引到这些坟墓所在的地方,他们认为这些墓地背后隐藏着巨大的魔力。在一次又一次的造访中,流浪者最终在具有魔力的墓穴附近、不朽的树木旁边或者带有魔法的清泉周围逐渐定居下来,形成了"家"的外貌。

随着定居的出现,诸如碗、箱子、篮子、粮仓、锅甚至洞穴逐渐出现,这些事物借助圆形的外貌表达了对女性身体的赞颂,从而使得这些事物带有更多女性化的意图。这点与旧石器早期人们所使用的器具极为不同。在旧石器时代,人们主要使用工具来完成切片、切割、挖掘等动作,这些动作以一种男性化的方式对这些具有攻击性的行为进行了展示,同时着重体现了这些行为所展示出来的力量。

固定居住地的出现为人们提供了一个独立的空间,也为人们从事种植和饲养提供了条件,从而进一步使人们的定居成为可能。需要指出的是,生活在感通世界的人们认为诸如岩洞和洞穴等地方聚结强大的魔法,因此,居住在这样的地方并非出于生存的需要,而是为了表达他们对感通力量极高的敬仰,并对之膜拜。在一些古老洞穴中,人们在洞穴墙壁上雕刻神话人物,他们希望用这种方式表达自己对于古老神圣品德的膜拜。感通领域中的体验是非线性的,具有纯粹的重要性,甚至先于人类和自然力量之间的二元对抗而存在。感通是表达语言情绪、同情的交流以及怜悯的重要领域。在意图和表达之间、客体与主体之间、这里和那里之间,不存在支离的距离。最早的感通事实上并不是一种行动,而是人类自身意志的第一次闪现。

(二)感知空间

从感通行为的出现到第一代村落的发展,神话作为一种兼具解释性和合法性的叙事方式,其力量得到了不断的增强。在这个发展过程中出现了一个缓慢的转变,即从咒语和有节奏的圣歌到宇宙诞生以及宇宙造就其他事物的故事的转变。伴随这种转变出现的是被称为"农业革命"的缓慢驯化进程,它大致开始于距今一万五千年之前。自那个时候开始,永久性定居开始在印度河流域和波罗的海流域之间出现。这场伟大的变革成为旧石器时代以及稍后的中石器时代和新石器时代之间的分界线,时代的出现是时间和空间上发生的一次深刻变革。空间和时间得以统一,既包含运动,又具备持久性。

随着小村落在中石器时代的出现,人们对空间和时间的感知也出现了一次意义深远的变化:人类在其历史上第一次开始了对野生植物的种植和对野生动物的驯养。诸如栽培果树、谷物以及饲养动物这样的活动需要耗费人们很多时间,并要求人们在一个地方可以持久地生活。在这样的历史条件下,中石器时代见证了两种现象的诞生:用于教化人们的保守主义的发明以及持久稳定的照顾呵护行为的出现。联想我们之前提到的人们对圆形容器和村落的发明展现了女性的身体特征,我们认为这里提到的两种发明也体现了非常显著的母性特质。

后感通时期以及感知时期出现的村落,其空间往往呈环形排列,而人们放置在这个空间中心的物品往往是他们所认为的最重要的事物。与此相似,现代城市往往成直线、网格和轮辐状排列,空间从中心向外延伸。但不同的是,神话的环形空间是神圣的,而现代空间是毫无生命而且空洞无物的,等待被填充或被发展。人类经济活动赋予了这些空间价值之后,这些现代空间才具有价值。环形空间的神圣性在非洲、北美洲以及印度尼西亚等地的一些文化中均有体现。这些文化不约而同地认为东方代表生命的

第三章 跨文化传播的研究维度：时间与空间

延续。这种观点也见诸生活在非洲西南部的部落之中，那里的人们一直将神圣之火安置在位于牛栏最东侧的小屋中。与此类似，这种空间安排也得到了南非一些部落的青睐。

环形空间的排列由圆圈和中心两个部分构成，这体现了感知意识的宇宙观。这种宇宙观认为，圆心和周长互为基本、彼此需要。周长离开圆心就不能存在，反之亦然，但二者彼此不同，又相互依赖。这个观点可以延伸到个体与集体之间的关系，体现了一个基本的两极关系。感知世界中两极的出现使之与感通世界区分开来。对于生活在感通世界的人们而言，个体与集体之间不存在差别，也不可分离。这种极性的模糊性是感通世界人们思维一维性的体现。

在维度单一的感通世界，同一个单一的世界往往同时代表神圣与世俗。同样，两极性的存在也可以被看作感知世界和视角世界的区分点。对于生活在视角世界、持有三维视角的人们而言，他们所看到的只是一个个离散的、不连续的观点，这些观点之间不存在固有的或必要的连接。个人或许会与集体意见相左，但这种意见相左就意味着有了一个截然不同的观点，因此，个体自由获得了视角世界的高度认可。对于生活在感知世界的人们，个体自由等同于自私，而对于生活在感通世界的人们而言，个体自由根本不存在。义务、责任、荣誉主导着感知世界，也主导着这个世界村落里的空间序列。空间排序作为一种符号体现了一种身份等级。

生活在感知世界的人们认为圆圈并不仅仅是一个几何形状，它更代表了人们与宇宙连接的进口。正如上文所述，感知世界是村落的世界。在历史上看来，它表现为中石器时代的小村落。不同于充满感通的旧石器时代，感知世界是一个冗长叙事的世界，它以恒久不变的存在为先决条件。定居取代了旧石器时代的游牧生活，神话叙事行为对伴随定居和驯化的出现赋予了社会秩序更多合理性。很多神话都描述了动物为了给人们提供食物而心甘情愿地牺牲自己。

中石器时代的村庄是对各种野生植物和动物进行养殖驯化的地方，人类本身对于当时的村庄而言并不重要。根据芒福德的研究,中石器时代的小村落体现了人类与世界交往中两种进步：性的革命以及农业革命(Mumford,1961)。在中石器时代,乡村生活这个词语极富女性色彩。妇女开始了系统的植物种植,而且由于食物的富足,被迫禁食这种做法被废除。旧石器时代的饥荒导致了性欲的下降,但在中石器时代,这种饥荒被新的力量所取代。定居关乎生育和驯化的一切。小村落为生养孩子提供了更大的安全保障。人口开始以一种史无前例的速度快速增长。旧石器时代的捕食关系让步于中石器时代的共生关系。在感知世界中,繁衍后代是村落的核心意义所在。"肥沃"一词在感知世界中有两层含义：一层含义是指可以生产出大量充足物资的、肥料充足的永久定居地,另外一层含义是指妇女所担任的角色。

在芒福德看来,村落在其菜园和田地中间形成了一种全新的定居方式：住户与邻居之间、小鸟与动物之间、房子和存储仓库之间出现了永久的联系,所有这种关联根植于祖先遗留的土地中。在这片土地上,每一代人为下一代人积攒肥料。日常活动集中在两件事情上：事物和性,即生命的维持和繁殖。

正如我们在上文所提到的,旧石器时代对男性力量顶礼膜拜,但到了中石器时代,女性的力量得到了极大的肯定。中石器时期的村落所采用的物理结构和技术都带有极为明显的女性气质。比如,小屋、箱子以及用来储存物品的地窖,在结构上来讲都是具有保护作用的封闭空间,很多这种建筑都是肥料混合泥土建构而成的。正如欧洲人类学家亚瑟·莫里斯·侯卡特(Arthur Maurice Hocart)指出的那样,肥料不仅仅是定居和农业不可缺少的组成部分,也可能是首次被用在生育仪式以及祭祀中的装饰。这种对肥料的使用非常重要,因为生活在感通世界的人们对身体的排泄物怀有兴趣甚至敬畏。诸如牛棚、水箱、粮仓和篮子这样的发明,其外形和功能婉转地表达了一种对女性的强调。这些工具不同于旧石器时代诸如长矛和剑这样的工具,它们体现的是女

第三章 跨文化传播的研究维度：时间与空间

性身体的延伸。

中石器时代强调驯化和控制，从而营造一种安全、接受和孕育的感觉。中石器世界作为一个女性世界，体现为永恒、连续和神授圣职，所有这一切都是出于孕育的目的。感知世界是圆形的、神圣的，是所有生活的源头。与此相反，现代世界则充满男性气质、呈线性特质，这些特质使得现代世界从所有生活的源头变成了被开发和拓展的对象。这种区别在代表男性和女性的符号中可见一斑。

中石器时代的小村落是一个为各种形式的生命提供关怀和照顾的集体巢穴。"家"和"母亲"这两个概念从本质上来讲交织在一起。古埃及象形文字的"房子"和"镇"可以作为代表"母亲"的符号。到了新石器时代，妇女对有机生活给予了更密切的关注，她们通过筛选、繁殖、哺育、跨领域繁殖和系统种植孕育出了今天我们所知道的几乎所有的植物和动物品种。在过去一万年中，农业领域几乎没有出现过新物种。只是近些年随着科技的发展，一场由意志力驱动的全新革命正在上演，全新的物种通过基因工程得以出现。

妇女和家是感知世界的核心，这个世界中的村落是一个更大的宇宙模型，女性创造了这个模型。妇女、宇宙和村落彼此互为同义词。直到今日，圆心的神话概念几乎见诸北美太平洋西北部所有部落。与此类似，古代维京人的社区成圆形分布，这或许表达了早期的平等与合作的观念，也揭示了宇宙标准。

感知社会结构的一个共同特点不仅在于它所形成的一个环形走向，同时还包括这个圆的两半。比如，遍布整个北美平原的一些部落，每一个部落中的两个子群都一直占据着圆锥帐篷的相反两半。又如，北美印第安部落之一的奥萨格人（Osage）在没有战事的时候，将他们的圆锥帐篷朝向日出的方向，但是在打猎或发起突袭的时候，帐篷的开口则面向西方，因为这种活动意味着对生命的掠夺，所以，他们需要将开口面朝日落和安葬死者的地方。应该指出的是，尽管一些美国原住民在很大程度上还是游牧狩猎部落,但是他们对物体和住宅的安置还是依据宇宙哲学的评价标准。这种现象非常有趣,因为它表明即便是游牧民族,他们安排居所时所采用的庞大环形结构也具备向外辐射的轴向以及核心这两个特点。

如此一来,我们可以认为游牧民族居住的圆锥形帐篷或环形排列的村落里都可以体现一种固定的感知观念。这种现象展示了美国比较神话学学者约瑟夫·坎贝尔(Joseph Campbell)所做论断的重要性。坎贝尔指出,神话原则在一个永恒的领域中得以保持,它们告知这个世界的时间变化,而且同时与它同处极性之中。与祖先和神圣实体的连接只有在神话世界中才得以集中。在印度尼西亚的一些地方,生活在村落正中间的家庭被称为"桅杆"和"航帆",据说这些家庭是许多年前撑船来到这里的祖先的直系后裔。把船等同于祖先和中心的做法对很多印度尼西亚群体而言非常常见。

感知生活专注于两极:神圣与世俗。它是一个二维的世界。一个人如果想要理解感知世界,他(她)必须理解空间安排往往不仅出于实用和美观的动机,还表达了人们关于宇宙的神话信念。

关于感知空间的例子就是位于巴厘岛的城邑,尽管分布在这里的村落彼此之间存在明显差异,但它们的相似之处都在于恪守微观宇宙—宏观宇宙原则。盖普瑟把这种形式的空间定位归结于更深层次的感知世界观,而非对观念变迁的传统见解。

对于生活在感通世界的人们,物质和精神之间并没有区别,但是生活在感知世界中的人们对此持不同看法。这种将物质与精神进行区分的层级结构表明感知世界中出现了最初的空间思维,这种思维将在之后的视角世界中得以彻底的具体化。随着视角世界的到来,世界(或一个人或一个实体)所具有的精神和物质破碎成缄默不语的主客体二分法,因此,一元的极性被延展到一个二元的断裂点。的确,在现代性中,主客体二分法破裂成一组对立的、相互排斥的矛盾,即精神与肉体的二元对立。在现代性中,主体、精神或意识被推入一种并不存在的关乎存在主义的遗

· 76 ·

第三章　跨文化传播的研究维度：时间与空间

忘中,而剩下的物质客体被空旷的空间分隔开来。这种情况的出现提出了一个至关重要的问题：主体和客体之间如何彼此沟通？这个问题就开启了传播学这个学科的出现。

感通空间是一维的存在,而感知空间和视角空间则分别呈现出二维和三维的特性。但我们必须理解的是,不论是感通世界、感知世界还是视角世界,它们的看法不存在于任何一种纯粹形式。即便在现代城市,感通世界和感知世界这两种维度依然存在,而且对于我们而言非常重要。我们之前曾经讲述过感通"空间"并非空无一物,灵魂、精神食粮、气或者其他神秘物质填充其中。

接受现代科学教育的人们则认为,宇宙大部分是没有生命的,是空洞的；太空电子和原子核之间是一个完整的真空,而电子和原子核之间的距离则按照一定的比例,与行星与太阳之间的距离一样远。世界上大部分人,包括生活在欧洲西部的人们,一直到20世纪才接受了上述这种观点。相反,在历史上,宇宙被生活在不同文化中的大部分人视为一个有生命的整体。他们认为由于宇宙中充满了生命力,因此,宇宙中的每个事物都与其他事物连接在一起。那种认为物体呈碎片状分布、绝对独立存在的看法是20世纪西方世界秉承的观点,它产生了深远的影响。

（三）视角空间

虽然游牧生活与感通世界和感知世界紧密相连,但视角主义最基本的思想以及它对三维空间的感知可以追溯到游牧生活这个阶段的末期。在第一次永久性定居出现之后,人们对固定位置逐渐形成了认知,也认识到一个人的身份和"所有物"仅仅等同于这个人自身,不能等同为其他人。永久性的小屋和灶台使得早期的人类直立行走,在这里早期人类表达了自己的兴趣和期望,也是依靠这些设施他们得以在世界上存活下来。逐渐地,定居者开始捍卫一些东西,最终开始依靠一些东西不断扩张自己的生活,从此"家"形成了看待问题的第一种角度。家是三维视角特性出现的地方。家暗示着永久,这种永久性强调了位置感。至此开始,诸如爱国主义、民族优越感、种族主义以及其他形式的部落主义开始出现。

定居还带来了一种永恒感和认同感,人们开始为抵御防卫提供合理化的解释,并制定出了道德标准。同时,自我出现,一个人对自我的获取是全方位、多角度的,这种获取涉及的领域包括语言、经济地位、种族等。看待问题的不同角度及其各种形式的抵御性解释的到来,预示着一个固定习性的巩固。一旦人们停止移动,他们看待事物就拥有了一个固定的视角,并被这个视角所占有。

视角空间是以感通世界和感知世界的领域范围为先决条件。然而关于所有制和归属感,视角空间则超越了本能感受以及虚构感受,对诸如土地这样的客观世界抱着更为系统、随意以及更以目标为导向的态度。土地所有制在视角世界里发生了变化。在感知世界中,一个人与土地紧密相连,土地所有制遵循世袭制度,这是一种固有的、与生俱来的权利。但在视角世界中,土地再也不会被等同于个人身份。它对一个人的拥有再也不同于这个人对它的所有。相反,土地变成了一种商品,它在交换这个操作中具备了不稳定的、短暂的、非永久性的特性。人们看待土地的视角产生了变化。在感知世界,土地是一种固有的身份,它就如同一个人的肤色一样,是与生俱来的一种权利,既不能被改变也不会被偷走。同时,土地在感知世界中不能被赠予、出售,甚至也不能转变为其他任何事物。在感知世界,土地就如同我们的文化身份或母语一样,无法通过转让给他人的方式彻底与原有特性告别,获得新的特性。

但是,在视角世界中,人们对土地的拥有并不是一种相互拥有的两极关系。在视角主义看来,土地是一个没有生命的资源基础,感通世界和感知世界对它的迫切需要在视角世界中并不存在。土地对我们没有肩负义务,也不存在感情上的依赖。只要对方有意愿和财力,对土地的购买和出售可以进行无数次。财产不是与生俱来的权利,而是一种法律和经济地位。被赋予这种视角

第三章 跨文化传播的研究维度：时间与空间

观点的土地,以法律行为、几何、制图、所有制和资源的形式,被设想为一种理性的存在。

土地本身并不包含固有价值,只有当它被用于交换的时候才具有价值。对于生活在视角世界的人们而言,土地没有固有价值,但可以通过开发这种行为拥有附加值。因此,土地在视角世界中被演变成一个可被管理的人工制品。视角主义认为,在经济私利的评价标准中不能被制造出来的事物就没有价值,也无法存在,除非在一些情感层面以一些荒谬的无逻辑形态造就了的一些存在。这一点对于生活在土地上的动植物而言,本质上也是如此。

如果动物值得人们投以兴趣并给予保护,那么它们就要被证明自己对人类而言至少存在使用的可能,如成为制药的资源基础。在实用主义和功利主义的驱动下,一种现象的实际可用性逐渐等同为其存在的原因和意义。机会主义是以自我为中心的视角世界的惯用伎俩。视角主义的询问把"存在原因"和"你对我的用处"这样的问题加诸在所有事物上。相对于感通世界和感知世界,存在于视角世界中的所有土地基本上都是一模一样的。

迄今为止,土地拥有的任何价值或含义,都是在个人利益基础上开发的结果,个人利益指导着测量员和评估员口中所谓的公正测量。在这样的情况下,土地变成了一种商品,一种人造制品。土地逐渐有了视角特性,这意味着它再也不被看作一个纯粹的自然之物,而逐渐被驯服、被开发、被衡量、被划分以及被评估。土地在视角世界变成了一种有价值的商品,这种变化催生了房地产这个现象的出现。

如前所述,具有视角特性的理性空间在永久的固定居住方式中找到了它最初的可能性。然而,固定的居住方式所暗示的是空间的分割,空间被分割成你的和我的、组内的和组外的、我们的和他们的,而且分散化的生活也被分割为公共和私人两个领域,这也是视角空间最重要的方面。但是,这种空间的分割一直到城市的出现才得以彻底的实现,城市这个模式以一致性、专业化、统一化、分工和再分工以及区域化为特征。

均变论作为一种意识形态,是测量的必要条件,它创造出了完全相同的理想类型并使之具体化,如货币的单位和长度的单位。在测量土地的过程中,诸如树木、地标、山峰等与土地无关的客观事物被当作与土地毫不相关的偶然存在。土地被转换成一种可供测量和进一步细分的基础资源。感知世界在情感上对神圣与世俗的区分,在视角世界被忽视为不相关的存在,并最终被经济衡量所取代。这种出于经济权衡目的所做的衡量是一个带有民族中心主义色彩的术语,它被认为是一个更为标准、更具理性的价值测量办法。在感通世界和感知世界中统一的地球表面被墙壁、栅栏、围墙和边界打破。随着视角主义这种以自我为中心的特质的出现,世界也被私有化了。

理性世界对土地的细分已经将其简化为一种规格一致的资源。在这个世界里,神圣领土这样针对土地的带有迷信色彩的偶然性被去除,然后当利益团体需要利用土地的时候,他们就通过"开垦"的方式令土地增值。这个过程包含把一致的地表简化成一个理想主义而且理性化的模型,稍后在现代城市局域划分的合法过程中,被随意地分配某种特殊的功用。理性世界中的城市规划者用这种方式,通过计算经济利益,把住宅区与工业和商业地区分割开来。人们在视角世界对城市的分割变成了一种以目标为导向的组织和安排,空间变成了一种容器,不具有情感,也没有了对神话的敬畏。

理性世界的这种对视角的推崇弥漫在生活的各个角落,包括专业化劳动力的分工以及医生、教师、士兵、财会人员等的统一标准化。随着理性哲学和心理学解释占据支配地位,现代化于16世纪和17世纪的时候在欧洲萌芽。现代化的一个结果就是空间化的出现。这种空间化在知识领域就体现为知识被细分为大学中的不同学科,知识被碎片化了,这个过程被胡塞尔称为"区域本体论"。

理性世界对空间的视角分割使得知识本身也变成了一种产品。人们通过将大问题细分为微小的组成部分来生产知识。这

第三章 跨文化传播的研究维度：时间与空间

种做法就如同分解有机体一样，如对经济贸易的讲述细分为借与贷，对物质宇宙的解读细分为周期性元素、分子和原子等。这种理性分割带来是空间在理性世界中的碎片化，空间出于人们控制、解决问题的目的以及其他的利益而呈现出碎片化的分割趋势，这种碎片化使得管理成为可能，进而使得目标以及实现这个目标所需的时间变得极为宝贵。具有视角思维的人们为了加快目标的完成，努力争取驯服或管理时间。

盖普瑟认为上述这种情况是一种"悲剧"，因为具有视角思维的人们把时间空间化，并将之细分为时间表和最后期限，他们越是想通过这种方式控制时间，越是会使自己的自由受限。

生活在理性世界的人们对感通世界和感知世界所秉持的那种宿命论已经不再热衷，他们将目光转向意志的释放。这种意志极具方向感，它为空间在理性世界中的扩张和占有提供了诸如各种探索、绘图、发展和权力这样的动机。视角主义体现的是一种空间思维观念。根据这个观念，一个人的旅程从某个点开始，通过展开调查、进行探索，进而进入更深层次空间，并在这个层次上继续前行。生活在视角世界的人们对视角思维的占用与另外一个词紧密地链接在一起：帝国。

帝国并非由神话世界中四处游荡的游牧民族组成。相反，帝国有一个固定的中心，它的发展以这个中心为起点，向外开启。衡量帝国进步的标准是征服，征服就意味着把事情纳入自我的掌控之中，通过对空间/时间的驯服，使其具有延展性和价值。帝国力量在空间层面上得以扩张，它以三维深度为先决条件。对于视角主义而言，不确定性就是一种焦虑，也是非常典型的现代西方中世纪经院哲学，这种态度作为全世界普遍存在的人性特征被投射到所有人身上。因此，西方专家所秉持的民族主义优越感认为，幸福是一种可以管理的排序。这变成了仁慈的、现代的帝国主义背后的驯服原理，在其所有的表现中也被称为"白人的负担"。这是为帝国发展所做努力肩负的道德"义务"。

恶毒的帝国主义在人类发展历史上并不少见。例如，日本的现代化可以被看作这个国家在20世纪为完成东南亚的殖民化并使之合法性做出的努力。为了实现这个努力,日本创造了"大东亚共荣圈"这个概念,并用这种委婉的修辞对他们所进行的殖民化过程进行漂白。现代意识形态对人们的征服展现出来的不是对其利益的心无旁骛的追逐,而是对世界的拯救。例如,"白人的负担"被表述为一种职责,甚至是一种牺牲,而非一种对财富和权力的追求。现代帝国主义被生活在视角社会的人们表述为一个"双赢"的场景。

人们对权力和利益的追求在视角世界中被夸大了,这种被夸大的追求就是视角世界所操纵的第一个大型排序的具体体现,这伴随着城市发展而出现。城市这种组织结构最早出现在八千年前的苏美尔。苏美尔位于巴比伦南部,是世界古老文明的发源地之一。这里的村落被整合成一个有围墙的堡垒,这种堡垒不仅是一种物理存在,也体现了当时人们在心理上和政治上对这种空间结构的需要。苏美尔的堡垒形成了帝国的核心,而这种整合则是城市的标识所在。苏美尔的首都城市在各个方面都位于帝国的中心。首都是中央城府的所在地,税收和供给流向这里,资源重新分配也从这里开始。

在古埃及、中国、日本、墨西哥或者地球上神授权威和代表的其他地方,皇城往往是神本人所居住的地方,这点和君权神授以及教皇权威的国度一样。在城市的中央是堡垒要塞和庙宇。中央权力掌握在帝王手中。随着视角主义的到来,伴随它碎片式的思维方式,世俗和精神力量被合并成为一种绝对的权威,这种权威稍后被进一步"现代化",即被进一步细分。

首都城市的核心问题是空间。人口密度使空间成了一个长期的问题。视角空间在城市规划的方方面面得以表达。随着城市的到来,人们表达了自己对效率的痴迷,他们认为自己的努力是朝向某个目标的线性存在。城市布局的指导原则转向了群体控制、住房、军队行动力的提高、防御部署、贸易等方面的效率问题。纪念碑式的建筑和雕塑在皇城出现,以此深化这个城市的居

第三章 跨文化传播的研究维度：时间与空间

民以及游客关于中央集权威力的印象。阶层和专业化随着集权的诞生得以出现。正如莫利斯指出的那样，随着人类生活的排序变成了人为制定的阶层，地位逐渐从天生的能力中分离出来，并依赖于组织结构，这就是意识形态上的合理解释（Morris，1969）。在城市中，"关于地位的争夺"以及关于天生才能缺失的沮丧，开始在视角世界大规模蔓延。

当人口密度达到一个新的状态，我们就穿梭并生活于众多陌生人之间。在一个城市中沿街走下，我们会看到许许多多我们完全不认识的人。但生活在乡村的每个人基本上都知道村里其他人，这种交往贯穿他们的一生。城市像一个磁铁，吸引着来自不同文化背景的人们聚集在一起，形成一个多民族的拥挤环境。

城市和它的密度导致了异化（alienation）的出现。随着文化多样性汇聚在城市中，人与人之间再也不分享同一套信念、价值观、习俗或语言。因此，他们的举动不再受到乡村环境固有的社会联系的约束。结果法律在城市中被发明出来，城市中的所有主体必须服从于法律的规定。这就是世俗中央权威的诞生。

无论居住的城市人来自什么文明，他们在法律面前人人平等。有了法律，就需要有法律的执行者。这催生了一个由法律执行者组成的完整专业的阶级的出现，紧接着警察这个行业诞生。城市的运转必须依赖秩序，因此，城市专注于序列的发展。从严格意义上看，支离破碎的单位标准化体现了一个城市的抽象化。金钱和时钟是对整个社区大规模行动进行协同的第一批大众媒介。它们是城市环境的产物，而非乡村农耕所需的工具。

城市生活核心的特质就是结构。结构究其本质是一个空间概念。城市是人口高度集中的地方。异化是社群联系之于个人被弱化的结果，因此，对于有秩序、理解力、目的和身份等观念的个体，阶级分层和分组逐渐出现。例如，一个生活在城市的人或许会把自己的职业等同于一个家族，因此，他们的名字从家族姓氏转向他们所从事的任何职业，如铁匠、搬运工和鞋匠等。

作为最富结构化但由人塑造的环境，城市是第一个由成千上万居住在这里履行特定职责、担任特定角色的人所组成的机器。这种结构主要出于官僚政治对中央权力管理的需要,而且建立在城市这个机器整体运转的基础上。系统和结构、流程表和计划都被视为真正的进步,它们指导着日常突发事件朝着超越一切的目标发展。由于个体的能力被专业化,因此,不同个体之间在同一个系统中可以很轻松地实现彼此替换。这个结构比居住在其中的人更为"真实",也更加"持久"。

随着城市中人口的爆炸性增长,领袖与普通群众日益渐行渐远。当这种情况发生的时候,领袖可以用残暴的惩罚对待这些毫不相识的群众。这就出现了莫利斯所谓的"超级领袖",他(她)比以前的村落或部落首领拥有更为巨大的权力(Morris,1969)。这种超级领袖对其臣民的认识非常有限。事实上,他们已经背弃了"领袖"这个名字最初象征的角色,他们不再带领听命于自己的那些年轻人上场杀敌。逐渐地,权力的获得取决于一个人在组织中占据的地位,而非与生俱来的领袖特质。

就像对法律仔细认真的学习一样,学习并遵从于这个组织体系成了人们通往权力的必经之路,这条路与打破旧有规则创立全新规则再无关系,而后者却体现领袖特质。结果在组织的限制之外,几乎没有人会尊重他们的老板或追随他们。这就是为什么我们建议城市权力精英们应该更多作为推动者而非领导者,他们应该使用威胁制裁和惩罚的结构性设置来获得遵从而非引发自愿服从,他们的权威应该建立在尊崇和崇拜上,而非恐惧的基础上。这是被崇拜和被羡慕、领导和推动之间的根本分别。与传统社会相比,现代社会持续受到来自不稳定、竞争和野心的威胁。这就是为什么一个组织的第一目的在于自我保存,这要求专业执行者的出现,而这种现象在中石器时代和新石器时代非常缺乏。

超级领袖拥有无上权力,而这种权力是组织结构的产物,而非与生俱来的领袖气质的结晶。伴随这种超级领袖的出现,超级服从者也逐渐诞生,他们主要表现为奴隶和低阶层群众。正如莫利斯指出的那样,这种极大的反差在人类社会的早期或者我们主

第三章 跨文化传播的研究维度：时间与空间

要的亲属中都不存在，因此，这种差距和合理化并非自然存在。相反，地位差距是系统排序随意生成的产物，因此，国王的儿子依然应该是国王，无论他是否具备资质，是否看起来蠢笨孱弱。在现代理性制度中，权力借助等级而非天生资质而存在。

第四章 跨文化传播中的语言与非语言符号

人类是借助符号与客观世界产生联系的,也需要借助符号实现对世界的认识。从符号视角来看,文化实际上是一种通过符号将意义传递出来的人类行为。符号体系既是不同文化中人们认识世界的起点,也是人们进行传播活动的前提所在。对于跨文化传播学而言,人们在人际交往中所用的符号系统有两类:一是语言符号,包括口语与文字在内;二是非语言符号,包括表情、手势、姿势、沉默、时间、空间、颜色等。在跨文化交往活动中,传播双方应选择恰当的语言和非语言符号,从而展现文化的意义,分享社会关系。本章重点对跨文化传播中的语言与非语言符号展开研究。

第一节 符号与符号学

一、符号

(一)什么是符号

在人们生活的世界上,处处都存在符号的踪迹。例如,马路上的交通信号灯,红灯符号表示车辆、行人必须停止,绿灯符号表示可以通行;医院里张贴的禁止吸烟的标志,告诉人们这里不能吸烟;中国人过春节时大门上倒贴的"福"字,表示对来年的祝福;天气阴沉、乌云密布预示着将要下雨;某处浓烟滚滚,人们就

第四章 跨文化传播中的语言与非语言符号

此推测出刚刚发生了火灾。再如,路上爬行的蚂蚁遇到同伴要互相碰碰触角,传达哪里有食物的信息;猎人根据地上留下的动物的脚印,判断出前方有什么样的猎物等。可以说,符号以及符号活动无时不有、无所不在。

总体来说,符号一般被划分为两大类,即人类的符号活动和自然界的符号活动(包括动物的符号活动)。其中,人类的符号活动又可以分为两类,即语言符号和非语言符号,后者又可进一步划分为建筑符号、音乐符号、影视符号、绘画符号、行为符号等。可见,符号学将人类学术领域的几乎所有学科门类都囊括其下,尤其是人文学科,它为跨学科交流和研究提供了一条道路。

索绪尔在他的普通语言学文稿中明确指出过符号学的重要性,并反复强调语言本质上是符号,语言学从属于符号学,"语言学,我们现在就称其为'符号学',也就是说关于符号的科学,即研究人尝试用必不可少的约定系统来表达思想时所出现的现象……无人开课讲授符号传播现象,而这一现象反过来却完全占据了语言学家的脑海,以致他们认为语言学属于历史学科……其实,语言学什么也不是,它就是符号学"。

在关于符号学与语言学的关系问题上,学者们所持的观点大致分为:符号学包含语言学,如索绪尔、西比奥克等;符号学从属于语言学,如法国符号学家罗兰·巴特;符号学和语言学并列平行、相互交叉;符号学和语言学互不相干,如法国符号学家吉劳。就目前的研究来看,持第一种观点和第三种观点的学者数量更多,更具有说服力,他们各持己见、争论不休。其实,符号学作为一门跨学科的研究工具,它在一定程度上囊括了语言学,赋予语言学一种新的研究方法,而语言学也有自身的一些特点,也许正是符号学理论尚未涉及的领域。无论如何,我们不得不承认的是语言是人类多种符号系统中的一种典型代表,也是使用最多的一种人类符号体系,如果我们将对语言的研究置于符号学的广阔背景中,必将更方便进行语言的跨学科研究,为语言学的发展开辟新的道路。

(二)符号系统

所谓系统,指的是性质相同或相似的事物按照一定顺序和内部联系组成的整体,如城市道路交通系统、电路系统等。符号系统就是性质相同或者相似的符号,按照一定规律组合而成的整体。一个符号总是要在特定的系统中才有意义,如果把它放在另外一个符号系统中,它可能就没有意义,或者具有其他的意义。例如,在马路上看见交通灯红灯表示要停下来,这是交通信号灯这一符号系统赋予"红灯"的意义,但是如果离开这个系统,红灯就可能是别的意义了。

这里说符号具有任意性,同样符号系统也带有很强的主观性,因为符号系统是借助编码组织起来的,人们根据一定的规则把符号的能指和所指结合起来,体现符号的符指过程,符号使用者在此过程中承认符号能指与所指的关系,并在使用中遵守这种关系,这就构成了一个符号系统。不同的符号系统有不同的规则,也就是不同的编码方式,这就解释了为什么同一个符号在不同的符号系统中有不同的意义。

再进一步划分符号系统,可以把符号的能指系统和所指系统区分开来。符号的能指系统指的就是符号的形式系统,它关注的是符号的形式,如符号形状、符号的读音等。再用交通信号灯系统做例子,它的能指系统就是它的构成形式,通常由三个圆形的灯组成,分别是红灯、黄灯和绿灯,同时,它们的排列顺序是固定的。现在改进了的红绿灯用箭头表示前进的方向,箭头向上、向左和向右以及红绿黄三种颜色的箭头等,这些都是交通信号灯系统的能指系统所包含的内容。

符号的所指系统就是它的意义系统,它是能指系统的对象。"意义"两个字看似简单,却是最复杂的概念,从古至今,关于"意义的意义"的问题是各派争论的焦点,众学说派别林立,无法统一。尤其是语言符号系统,对其所指系统即其意义系统的研究更是难度很大。

第四章　跨文化传播中的语言与非语言符号

符号系统包含广泛,一般来说它可以划分为以下几大类别,如图4-1所示。

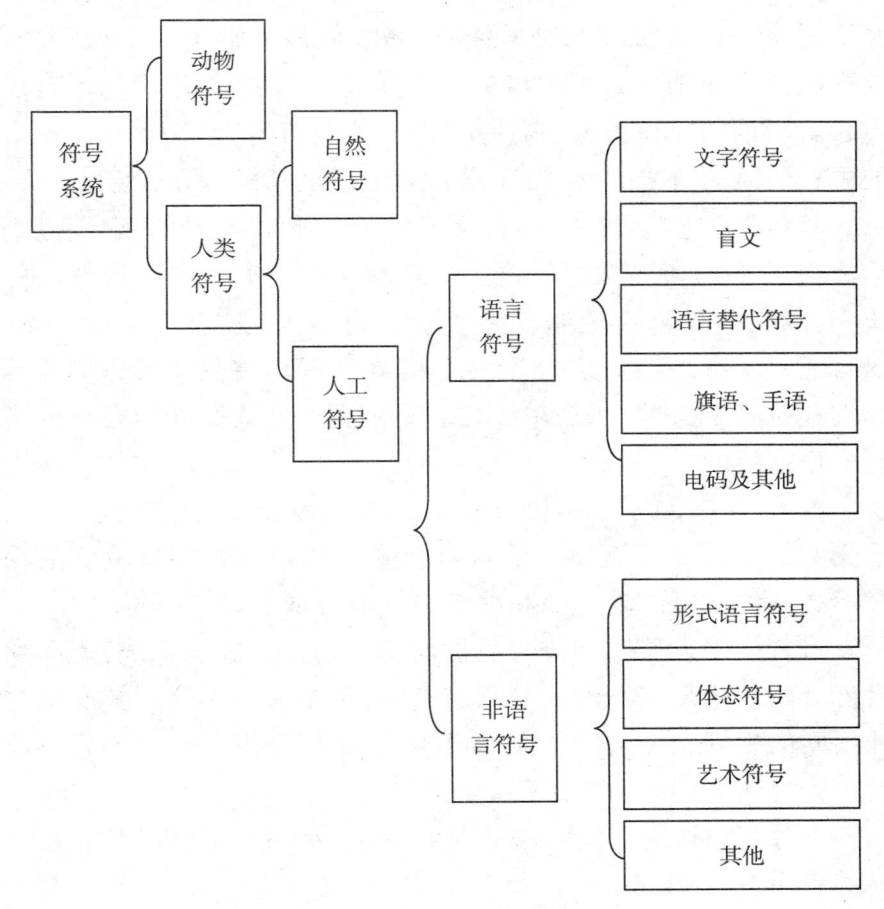

```
符号系统
├── 人类符号
│   ├── 动物符号
│   ├── 自然符号
│   └── 人工符号
│       ├── 语言符号
│       │   ├── 文字符号
│       │   ├── 盲文
│       │   ├── 语言替代符号
│       │   ├── 旗语、手语
│       │   └── 电码及其他
│       └── 非语言符号
│           ├── 形式语言符号
│           ├── 体态符号
│           ├── 艺术符号
│           └── 其他
```

图4-1　符号系统的划分

(资料来源:陈浩东等,2013)

不同符号系统之间的转换必须通过翻译。符号学中的翻译,并不限于不同语言符号之间的翻译,而是指两个或几个任意符号系统之间的转换。例如,把蚂蚁的动作意义系统翻译为人类可以看懂的语言符号系统,把语言符号转换为盲文符号系统。

可见,符号之间的翻译必须对等,翻译者必须熟悉原符号系统和目标符号系统,并且懂得翻译技巧。

（三）语言与符号的关系

语言是人类特有的符号体系，是人们最为常用的一种符号。狭义的语言只是指人们的口头言语和书写文字，而广义的语言还包含着所谓的表情语言、形体语言、装饰语言等，它们都是传递人的思想信息的符号形式，然而语言通常还是指言语和文字。

言语的物质形式是声音，文字的物质形式是图形，它们分别给人造成听觉和视觉的反映。语言作为物质形式和内容意义的统一体，在自己身上便体现为"音义"统一体或"形义"统一体。语言还是一种线性的结构系统，语言单元是沿着一维的方向前后相继地排列下去的，语言单元之间是根据语法规则而组合起来形成语言系统的。

由此看来，对于有声语言来说，它的三大构成语素便是语音、语义和语法。语言在所有的符号形式中是最基本和最重要的符号形式，是人类传递、存储和加工信息的基本工具。

语言是以人群共同体为单位而各自约定俗成的系统，不同的人群必然产生出互不相同的语言，并且在不同的人群因其所具有的不同的生理和文化特征而形成不同的民族时，语言的差异也成为民族之间互相区别的最重要特点之一。

部分观点认为，语言是思维的外壳。我们对自身以及外在世界的思考与认知都是借助语言而完成的。语言不仅帮助人们传递信息、交流思想，它也是思维工具，参与并体现人们的思维，但这很难说是思维的本质。

二、符号学

钱德勒《符号学初阶》的开头一段用"符号学是研究符号的学说"来定义符号学，接着说"如果你不是那种人，定要纠缠在让人恼怒的问题上让大家干等，那么我们就往下谈……"

安伯托·艾柯将其定义为"符号学研究所有能被视为符号的

第四章　跨文化传播中的语言与非语言符号

事物";另一个意大利符号学家佩特丽莉说符号学"研究人类符号活动(semiosis)诸特点",亦即人的"元符号能力"。

19世纪末与皮尔斯一道建立符号学的英国女学者维尔比夫人(Lady Victorian Welby)建议符号学应当称为 sensifics 或 significs,即有关 sense 或 significance 的学说,即"表意学"。

就国内研究者的定义来看,"符号学"这个中文词是赵元任在1926年一篇题为《符号学大纲》的长文中提出来的,此文刊登于上海《科学》杂志上。在这篇文章中他指出:"符号这东西是很老的了,但拿一切的符号当一种题目来研究它的种种性质跟用法的原则,这事情还没有人做过。"他的意思是不仅在中国没人做过,而是指在世界上还没有人做过,赵元任应当是符号学的独立提出者。

赵毅衡在1993年把符号学定义为"关于意义活动的学说",并给出了符号的定义,即"符号是被认为携带意义的感知:意义必须用符号才能表达,符号的用途是表达意义。反过来说,没有意义可以不用符号表达,也没有不表达意义的符号"。

(一)索绪尔的符号思想

瑞士语言学家索绪尔为现代符号学的诞生做出了基础性贡献。他的符号学思想集中体现在《普通语言学教程》(*Course in General Linguistics*)一书中,书中提出了有关符号科学的预言:将有一门专门研究"社会生活中符号生命"的科学出现,"将告诉我们符号是由什么构成的,受什么规律支配"。

索绪尔对符号学的理论贡献主要包括以下三点:

1. 将不同的语言形式分为语言(langue)和言语(parole)

索绪尔将不同语言形式分为语言与言语。他认为,语言是一个独立的、自足的整体;言语是对语言所进行的有目的的运用。言语是个人的、临时的,且充满变化的。

语言以共时性为特征,一般比较稳定;言语则以历时性为特征,不同的时间和情境下的言语也有所不同。可见,语言和言语的稳定性存在差异。

当然,语言和言语是紧密相连、互为前提的,"要言语为人所理解并产生它的一切效果,必须有语言,但是要使语言能够建立,也必须有言语"。总之,促使语言演变的是言语,语言和言语是互相依存的,"语言是言语的工具,又是言语的产物"。①

2. 将语言作为一种表达观念的符号系统来看待

索绪尔认为语言是一种表达观念的符号系统。在他看来,"语言学家的任务是要确定究竟是什么使得语言在全部符号事实中成为一个特殊的系统"。他还指出:"语言的问题主要是符号学的问题,我们的全部论证都从这重要的事实获得意义。要发现语言的真正本质,首先必须知道它跟其他一切同类的符号系统有什么共同点。"

符号的存在直接受到它与其他符号的对立和差别的影响,所以,任何符号都从属于受一定惯例支配的符号系统,并非独立存在的。也就是说,语言符号的意义是一个系统的作用,但并非绝对的。要寻找使语言得以运作的基本规则与惯例,要从语言本身入手;要对语言的社会和集体层面进行分析,而不是分析单独的语言,要对语法而非用法进行研究;要对规则而非表达方式进行研究,要对模式而非材料进行研究;要找出所有说话者在潜意识层次上所共有的语言"深层结构"等。

3. 将语言符号分为能指(signifier)和所指(signified)

索绪尔将语言符号分为能指与所指。"能指是用来表达意思的字、词、句,是符号中具有物质形式的部分;所指则是这些语言要素被分配指向的意义、概念和思想,在使用者之间能够引发对某种概念的联想"②。能指和所指是通过意指来实现联结的。意指

---

① [瑞士]费尔迪南·索绪尔著,高名凯译.普通语言学教程[M].北京:商务印书馆,1980:41.
② 孙英春.跨文化传播学导论[M].北京:北京大学出版社,2008:49.

是使能指与所指连接起来的一种行动,它的产物即为符号。

索绪尔强调,能指与所指之间的联系是任意的,是由传统约定俗成的,并不存在天然的联系。也就是说,一种语言是在其自选的能指与所指之间建立一种任意的联系,并非随意地将任意的名称分配给一组独立存在的概念——每种语言均通过一种任意的方法将世界构建为不同的概念与类别。

(二)皮尔斯的符号思想

皮尔斯是现代符号学的创立者之一。他将符号学范畴建立在思维和判断的关系逻辑上,强调要研究符号自身的逻辑结构,这是其对符号学的主要贡献。他认为,符号学是一种"扩展了的逻辑学"。

皮尔斯对符号的定义是:"任何一种真实的或复制的东西","可以具有一种感性的形式,可以应用于它之外的另外一个已知的东西,并且它可以用另外一个我称为解释者的符号去加以解释,以传达可能在此之前尚未知道的关于其对象的某种信息。"[1]

根据符号与所指对象的关系,皮尔斯将符号分为以下三类:

(1)表征符号(index)。这类符号与指涉对象存在一种特定的直接联系或内在关系。它与指涉对象之间没有非常明显的相似点,而在涉及具体、单独的对象时,会通过出人意料的方式引起人们的注意。例如,打哈欠是困倦的表征。

(2)类像符号(icon)。这类符号与指涉对象之间有着相似、类比关系,如地图、雕塑、口技或模拟的声音等。"这些符号载体所拥有的色彩、线条、形状与其表现的人、物体、景观等的物质特征之间存在着明显的相似、类比的关系"(孙英春,2008)。

(3)象征符号(symbol)。它与指涉对象无关,而是依据某种规则或惯例成为某种对象的再现。象征符号要生成其意指的事物或概念,一般需要使用者进行创造性的解释,如道路交通标志。

---

[1] 中国符号学研究会.逻辑符号学论集[M].上海:百家出版社,1991:2.

象征符号是应用最多也是最具代表性的符号。

通过这种划分方法,皮尔斯打破了索绪尔的"符号(能指)意义(所指)的二元符号模式",把符号表现为一种符号自身、对象和阐释三者之间合作的符号化过程,使符号的丰富性显示为表征、类像、象征成分的有机结合,强调符号必须借助阐释才能实现对意义的传达,而阐释需要将符号同世界的某些相关方面联系在一起。这为理解符号提供了这样的启示:任何符号的意义均会受到某些环节条件的限制,符号发送者的意图、释义者的心理、符号的文化语境等,均会对符号的意义产生一定的限定作用。

(三)罗兰·巴特的符号思想

罗兰·巴特的符号学思考在《符号学原理》和《神话》两书中有很好的体现。

在《符号学原理》中,与索绪尔关于语言学从属于符号学的观点不同,巴特提倡符号学是语言学的一部分,也就是"符号学知识实际上只可能是对语言学知识的一种模仿"。

同时,在本书中,他提出了符号学有以下四对基本范畴:

(1)语言与言语。

(2)所指与能指。

(3)组合与系统(横组合与纵组合)。

(4)外延与内涵。

在《神话》中,巴特在索绪尔的符号概念的基础上,发展出一种特殊的符号学架构,对20世纪50年代法国社会中涌现的大众文化现象进行分析,对日常世界中流行的各种"神话"观念以及这些观念制造者的企图进行探索,将大众文化置于符号学研究中。在该时期,"解神话"成为巴特思想的关键词。"解神话"(demythologize)是"从意义构成程序的角度来看待神话和其运作方式的(神话化程序)"[1],而一旦涉及意义的生产、流通和消费

---

[1] [法]罗兰·巴特著,许苗等译.神话[M].上海:上海人民出版社,1999:2.

第四章　跨文化传播中的语言与非语言符号

的过程,则是一个符号运作的过程。

针对索绪尔用以分析语言符号的能指与所指的概念,巴特提出,能指和所指之间的关系不是"相等"而是"对等"的,即两者形成相互联合的关系。具体而言,在语言符号中,能指与所指之间的关系是"结构性关系";在非语言符号中,能指与所指是"联想式整体",借助行为者的意图与社会惯例的本质相结合,进而组成符号。

对于索绪尔提出的语言和言语这对概念,巴特提出了如下论断:人只有从语言中成功地吸收了言语,才能运用言语。只有从言语出发,语言的存在才变成可能。换言之,语言是言语的产物,同时又是言语的工具。这一论断更具有科学意义。

此外,巴特的研究还试图说明:符号并非简单的意义传递方式,而主要是一种参与意义生产的工具;人类置身其中的世界不是由事实构成的经验世界,而是由符号所构成的意义世界;人们从一个符号系统进入另外一个符号系统,对于符号要编码与解码,而这些行为会体现在人类的全部事物中。

基于此,巴特将符号学引入服装、饮食、广告等非语言符号领域,体现了人类的确是生活在"符号世界"之中。

巴特还指出,要了解主体间的互动,应首先对"主体间性"的特征有所了解。"主体间性"是指在心灵的"共同性和共享性中,隐含着不同心灵和主体之间的互动和传播"。他认为,无论是编码者还是解码者,感知符号意义并不是因人而异。他们首先是一个特定文化群体的成员,相同的文化背景使他们具有互相影响的意识。

心灵的"共同性和共享性"是指相同文化背景中的所有成员共同感受的知识与经验,被普遍接受与认可。进一步来说,不论编码还是解码,均能通过意识实现对信息的传递,而解读就是"两个或者两个以上的心灵彼此进入,然后获得'共享世界'"(孙英春,2008)。对于跨文化传播研究与实践来说,这个观点具有很重要的启示作用。

第二节　跨文化传播中的语言符号

语言是社会群体约定俗成的,是由语音、词汇、语法构成的符号系统,代表了某社会之内的经验,同时体现了一个文化的精神与历史。

一、语言符号的相关知识介绍

(一)什么是语言

1. 语言是交际工具

语言的功能有很多,但是交际功能是其所有功能中最基本的功能,具体可以从如下两个层面来理解:

(1)语言是最重要的交际工具

人类社会中的每个人都生活在一定的客观社会条件之中,人与人的交际是社会生活中的重要组成成分。人们往往用语言来交际,但是除了语言,还可以有很多种交际工具,如文字、灯光语、旗语、身势语等。文字的工具主要在于对语言加以记录,是基于语言的一种辅助交际工具,因此,其与语言在历时和共时上都不能相比。灯光语、旗语是基于语言与文字而产生的辅助交际工具,因此也不能和语言相比。身势语是流传很广的交际语言,但是受各种条件的限制,往往会产生某些误会,因此也不能和语言相比。

通过上述分析可知,语言是所有交际工具中最重要的交际工具。

(2)语言是人类独有的交际工具

对于语言是交际工具,这在前面已经论述,但是这里所强调的是"人类独有",其可以从两个层面来理解。

第四章　跨文化传播中的语言与非语言符号

①动物所谓的"语言"与人类的语言有根本区别。"人有人言,兽有兽语。"动物与动物也存在交际,它们采用的交际方式也有很多,可以是有声的,也可以是无声的。但是,动物与动物之间这些所谓的"语言"是与人类的语言无法比拟的。

首先,人类语言具有社会性、心理性与物理性。社会性是人类语言的根本属性,因为人类的语言是来源于人类集体劳动的交际需要。运用语言,人们才能够适应自然、改造自然。相比之下,动物的"语言"只是为了适应自然。

其次,人类的语言具有单位明晰性。人类语言是一种音义结合的词汇系统与语法系统,音、形、义等各个要素都可以再分解成明确的单位。相比之下,动物的"语言"是无法分析出来的。

再次,人类语言具有任意性。语言是一种规则系统,人们使用语言对自己的言语加以规范。但是,语言系统本身用什么词、音对意义加以表达等从本质上说是任意的。相比之下,动物的"语言"在表达情绪和欲望时并无多大区别。

最后,人类语言具有能产性。人类的语言虽然是一套相对固定的系统,各个结构成分是有限的,但是人们能够运用这一有限的成分产生无限的句子,传递出无限的信息。相比之下,动物的"语言"是无法达到这一效果的。

②动物学不会人类语言。动物能否学会人类的语言?对于这一问题,答案显然是不能。如果能学会,那就不能说语言是"人类独有"的交际工具了。很多人说,鹦鹉等能够模仿人的声音,但是这也不能说它们掌握了人类的语言,因为它们只是模仿,只能学会只言片语。也就是说,这些动物不能像人类一样运用语言产生无限多的句子,也不能写出无限多的文章。因此,语言是动物不可逾越的鸿沟,能否掌握语言,也是人与动物的根本区别之一。

2. 语言是思维工具

（1）什么是思维

恩格斯曾经说过,思维是人脑的机能。有科学家争论动物也有思维,他们通过实验发现,狗会算算术,黑猩猩可以借助工具获取食物,猫能够学会便后冲马桶,猴子可以借助石块砸开核桃,鸟类有自己的语言,海洋鱼类也能发出不同的声音信号(甚至还有人类无法用耳朵听见的超声信号),狼群狮群配合捕猎等,这些都是动物思维的表现。

通过思维而获得创造工具的能力是人类与动物共同的标志,只是人类较为高级一些。我们既然承认人类发源于动物界,那么就应当承认动物思维的存在,不过,这只是广义的思维范畴,从严格意义上来说,动物只具有低级的思维方式,而经过不断进化的人类的大脑才是高级思维的物质条件,是高级思维方式的基础。

同样,人类的语言也是从动物的这种广义范畴的低级语言逐渐进化到狭义范畴的高级语言的。或者说,人和动物思维的本质不同在于各自运用不同的语言思维方式。从生理学来看,思维也是人类与动物之间共通的,它是一种高级的生理活动,是大脑中的一种生化反应过程。人类除了睡觉之外,几乎每时每刻都在思考,思考人与自然界的关系,思考个人与他人的关系。通过思考从现象深入事物的本质,发现事物的内在规律,使自身能够在客观世界中生活得更好。可见,人的思维是对客观世界的一种反映,是人类在认识客观事物时动脑筋进行比较、分析、综合等的过程。

当今网络世界成为越来越多人的第二种生活,人们可以在网络上做现实生活中的所有事情,衣食住行,求学求职,甚至"结婚生子",有人认为这种虚拟现实不再是客观世界,而人们在网络上的思考和行为就不再是对客观世界的反映,因此得出结论:思维可以脱离现实。其实,我们应当清醒地看到网络世界也是客观世界的反映,虚拟现实中的种种都留有现实世界的影子。衣食住行等行为都是客观世界里的客观发生,虚拟现实也是对客观世界的反映,因此对于网络虚拟思维,我们同样应当将其看作对客观世界的反映。

人类无时无刻不在用自己的大脑进行思维、进行创造,而人们却很少对自身的"思维"进行思考。在学校里,思维科学也很

第四章 跨文化传播中的语言与非语言符号

难成为一门独立的学科。虽然有脑科学、语言科学、逻辑学等相关学科,研究思维的物质基础、外在表现、各种形式等,对于人类"思维"的整体研究却无法独立成科,这确实是一个遗憾,其关键原因就在于很难为思维定义。那么究竟怎样给思维下一个准确的定义呢?人们会从哲学角度、心理学角度、语言学角度给出不同的定义。例如,按照《思维科学首批名词术语征求意见稿》中的定义"思维是人类个体反映、认识、改造世界的一种心理活动",立刻会有人提出质疑,认为这样定义把思维纳入了心理学的范畴。

思维科学的创始人钱学森教授高度重视思维科学的重要性,把思维科学提升为与自然科学等并驾齐驱的一类科学。他提出了现代科学的一个纵向分类法,把现代科学分为六大部类:自然科学、社会科学、数学科学、系统科学、人体科学、思维科学。

这样我们就能够更加清晰地认识思维科学的位置,脑科学、语言科学、逻辑学、心理学等学科都可以统一在思维科学体系下。科学家提出了一整套思维科学的体系架构及其友邻科学,我们可以做一参考。总之,要为思维定义,一定离不开三个要素,即人脑、客观事物、内在联系。

首先,思维是人脑特有的机能,是人的大脑中进行的一种"活动"和"过程",是一种生化反应。

其次,思维是人脑对客观事物的反映。

最后,人类通过思维能够认识客观事物的内在联系,对客观事物形成间接的和概括性的反映。

(2)语言与思维的关系

人们的思维认知过程总是借助视、听、嗅、触、说、思等手段来进行,而人的眼视、耳听、鼻嗅、手触、口说、脑思等又都毫无例外地通过语言来反映。思想不能脱离语言而存在,语言是思想的直接显示。语言与思维紧密相连,它们的关系辩证统一。语言有两个主要功能:思维功能和交际功能。它既是思维的产物,也给思维提供物质材料;而思维是语言的核心,它必须借助语言来进行工作。

思维的过程即人脑对外界信息的接受、加工和处理的过程。外界的语音、文字等信号通过听觉、视觉、触觉等方式被大脑接受后,便迅速进入了大脑的信息加工处理程序。语言信息的加工处理过程是在大脑中进行的,这点不必用语言学来推导,其他相关科学的实验、测试手段(如脑电图、磁共振)能更加直接地证实。最明显的是人们在说话时可以用脑电图测脑电波,这样的脑电波测试可以重复成千上万次,结果都显示脑电波的存在。这就足以证明语言信息确实存在于物质大脑中,语言信息的加工处理也在大脑中进行。

语言是逻辑思维的工具,当人们的大脑进行思考时,语言中枢就会对思考着的画面进行"解说"和编码,大脑会自动选择自己最熟悉的语言——母语来进行编码。对于同时说两种或多种语言的人来说,语言中枢也会根据不同的情景自然地做出选择。比如,人们常常会发现双语儿童在和说中国话的妈妈说话时说中文,而和说英语的爸爸说话时自然地转换成英语交流,这就说明大脑会根据情境自动选择合适的语言来表达思维内容。

对于学习外语的人来说,无不把能够用外语进行思维作为学好这门外语的最高境界,能够熟练地像母语一样操控一门语言,我们的大脑就会在合适的情境中"毫无偏见"地采用这门语言作为它思考的工具。随着社会的发展和科学的进步,人们对语言、思维和现实的思考将会从更多角度展开。

(二)语言的特征

1. 自然性

语言是由形式和意义两部分构成的符号系统,语言符号又可以具体切分出清晰的单位,符号与符号之间有着或横向或纵向的关系,相互之间可以组合,而且组合是呈线性的。此外,语言符号具有生成性,通过一定的语言规则,有限的符号可以生成无限的句子,表达无限的意思。

2. 社会性

语言是一种交际工具,交际是其首要职能,信息的传递、情感的表达都需要借助语言这一工具来完成。语言这种工具具有全民性,不分年龄、性别地为全体社会成员服务。

语言产生于社会,又广泛运用于社会,且随着社会的发展变化而变化。反过来,语言能够反映社会,通过对语言进行研究就可以从中观察社会现象、了解社会心态。

二、跨文化传播中的语言及其作用

下面主要从语言、传播与社会的关系以及语言多样性与语言霸权两个层面入手探讨跨文化传播中的语言符号及其作用。

(一)语言、传播与社会的关系

传播是从语言开始的。语言普遍存在于人类各重要领域,同时参与并构成了人类的传播行为。

传播与语言相互依存,没有人能将两者分离开来,人与语言也具有密切的联系,没有人能割断这一联系。

"人们通过语言制订计划,运用语言去梦想、沉思、评价、传诵和记忆,也通过语言因袭与创造文化,向他人表现自我,与他人沟通情感和思想,完成人类的传播需要。"[①]

语言是人类传播必不可少的工具,也是一种社会现象。人们创造和运用语言的行为是一种社会行为,同时,在很大程度上影响着人们的社会关系。索绪尔将语言视为社会语言学中的一种材料,它包含人类语言活动的所有表现,无论是在个人生活还是社会生活中,语言活动都是最重要的因素。进一步来讲,语言学的任务是:"寻求在一切语言中永恒的、普遍起作用的力量,整理出能够概括一切历史特殊现象的一般规律。"(索绪尔,1980)

---

① 孙英春.跨文化传播学导论[M].北京:北京大学出版社,2008:62.

关于人与语言的关系,萨丕尔认为语言既是人进行思想表达的一种工具,也是思想的塑造者与程序的制定者。需要说明的是,在语言塑造人的同时,人借由运用与理解语言而创造出新的意义。

此外,萨丕尔指出人具有独特性是因为人可以借助语言传播而不断构建自己与世界的一体化关系,虽然人类是生活在客观世界与社会行为的世界中,但是还是会受到特定语言环境的制约。从这个意义来讲,人们在社会生活中是借助语言这一媒介来表达自己的。

对语言的观察应置于人类的传播活动中,人类的语言都是在传播过程中被创造和表现出来的。

通过研究语言与文化、语言与传播的关系,爱德华·霍尔提出了"高—低语境"理论(high/low context),认为人类行为包含两种传播系统:高语境(high context)与低语境(low context);同时指出世界上每一种文化均能划分到高语境文化与低语境文化之中。

"高—低语境"理论隐含的假设是:文化提供了一面"屏障",它位于人与外部世界之间,对人们应关注什么与忽视什么起着决定性的作用。

爱德华·霍尔认为,低语境中的语言传播往往表现为一种"具有线性的逻辑互动、直接的语言传播、公开的意向表达的传播方式"(孙英春,2008)。其原因在于,在低语境文化中,很多信息是包含在传播过程中的,从而使语境中缺少的信息得到补充,因此,传播者大多是借助逻辑、推理、思维和语言表达,最终呈现出直接、外在的语言交流。

在高语境文化中,语言和符号的既定意义不是意义的最重要来源,意义是在语境与关系中隐藏的。所以,传播各方一般不会将自己的想法直接表达出来,而是借助一些不成文的规范、价值观、仪式、非语言符号等信息,语言中所涉及的实际意义比较少。霍尔还以日本人和美国人的差异为例,指出高语境文化主要依靠

第四章　跨文化传播中的语言与非语言符号

非语言传达,常将人群区分为"我们"或"他们",一般会更关心外来者进入"我们"的圈子时是否能举止恰当,对于外来者的真实想法、态度或情感并不关心。

(二)语言多样性与语言霸权

从跨文化传播视角对语言与传播关系进行考察,有必要分析语言多样性(linguistic diversity)和语言霸权(linguistic hegemony)这两个相关的命题。

目前,在全球范围内的人文社科领域,语言多样性命题与语言消亡、语言权利、语言平等话题息息相关,构成了文化多样性讨论的基础。就语言消亡而言,从一般意义上看,如果一种语言要从一代传到下一代,其使用者至少要有10万人,照此估计,到21世纪末,会有50%~90%的语言消亡。联合国前秘书长加利强调,语言多样性对于人类遗产是不可或缺的一部分,"如果我们听凭语言的单一化,那将会导致一种新型的特权群体,即'话语'的特权群体的出现"。

加利提及的"话语"特权群体,其中有关于语言霸权的命题。以英语为例,经过英国的全球殖民统治、第二次世界大战后美国的全球扩张,英语已成为国际性通用语言。据21世纪初的统计,全世界有近3.8亿人口把英语作为母语,约2.5亿人口把英语作为第二语言,学习英语的人数则更多。据英国文化委员会估计,全球正在学习英语的人口大约为10亿,到2050年,全球一半人口能够熟练使用英语。根据这些数字与事实不难看出,某些语言在一定程度上已形成了"霸权",其他语言正在面临削弱乃至消亡的危险。

第三节 跨文化传播中的非语言符号

非语言符号可以指代人类传播中使用的语言符号之外的所有符号,主要包括身体语、沉默、服饰等。下面分别予以介绍。

一、身体语

身体语(body language/kinesics)是指人们借助身体的各部分单独或配合做出动作来传递一定的信息。表情、目光、手势、姿势等均属于身体语。

(一)表情

在身体语中,表情(expression)是常用的一种非语言符号。表情是人类社会交往的调节装置,面部结构是精神的直观表现,能反映出柔情、胆怯、微笑、憎恨等多种情感谱系。人类借助表情能展现丰富的情感,阐释话语、调节对话、塑造社交形象。

虽然人类传播存在诸多文化差异,但是世界各地的人在表达人类主要情感(如喜悦、幸福、悲伤、惊奇、恐惧、气愤、厌恶)时所使用的表情几乎是一致的。

在不同文化中,表情既有一致性,也有不同之处。受生理因素影响,不同文化的人处于喜怒哀乐的心理状态时,大多有类似的表情,这就是共性;有些表情会因文化不同而有所不同,这就是个性。

需要指出的是,虽然人类的表情基本相似,但是在不同文化中,对于人在哪种场合表达什么样的情感,表达多少情感的规定是不同的,所以,不同文化的表情存在多寡的差异。例如,在地中海地区,对于悲伤情感的表达一般会比其他地区更强烈,男人在公共场所哭泣的场面也比较常见。此外,一些表情在孤立的情况

第四章　跨文化传播中的语言与非语言符号

下具有相似性,但是在受到环境因素影响之后,则会呈现出差异。例如,不同文化群体的成员会因为谁在场、在什么地方讨论什么问题等因素的变化而对自己的情感表达进行不同程度的抑制或修正。

(二)目光语

目光语(eye contact/gaze)是"运用目光的接触与回避、眼睛睁开的大小、目光接触时间的长短、视线的控制等方式传递信息"[1]。

戴尔·莱斯(Dale Leathers)的研究认为,目光语至少承担了以下六种传播功能[2]:
(1)表明专注、感兴趣或兴奋的程度。
(2)影响态度的变化与说服。
(3)调节人与人之间的互动。
(4)传递情感。
(5)确定权力和身份关系。
(6)为"印象处置"(impression management)确定一个核心角色。

不同文化在使用目光语时存在巨大的差异。例如,在美国黑人文化中,直视对方眼睛会被视为是轻敌的表现;在东方文化中,人们不会盯着一个人看,认为这种行为是粗野的;而对于英美人而言,他们将不能直视或躲躲闪闪的目光语视为掩饰、不真诚或是缺少自信的表现,所以有"不要相信不敢直视你的人"的说法。需要说明的是,眼神接触应做到适当,如果紧紧盯着对方一次10秒以上,会给对方带来不适感。

另外,有研究发现,与欧洲其他地区不同,地中海地区的人们更擅长使用目光来传递信息。此外,阿拉伯人和拉美人的目光接

---
[1] 孙英春.跨文化传播学导论[M].北京:北京大学出版社,2008:68.
[2] Dale Leathers. *Successful Nonverbal Communication* [M]. New York, NY: Macmillan, 1986:42.

触比西欧和北美人要多；北欧人、印度人、中国人、日本人、朝鲜人、韩国人、印度尼西亚人的目光接触则比西欧和北美人要少。在日本文化中，人们将眼对眼谈话视为一种失礼行为，目光接触过长则被认为是粗鲁、威胁以及不尊重对方。日本人在与人对话时，绝大部分时间要避免眼神接触，听对方讲话的时候一般会看着对方的脖子，自己讲话的时候则通常看着自己的脚或膝。

（三）手势语

手势语（gesture）指的是使用手臂与手指活动传递的信息。手势语包括以下三种类型：

（1）模仿型，指的是用手势模仿一种物体或动作。例如，用一只手指指向太阳穴表示用手枪自杀。

（2）代表型，指的是用一个手势代表一个含义。例如，用竖起大拇指表示称赞或欣赏。

（3）指挥型，如合唱队指挥用手势打拍子。

在不同文化中，手势语的使用频率和传递的信息存在差异。

从使用频率上来看，美国人和北欧人认为那些多次使用手势和用力使用手势的人一般不成熟，且过分感情用事，甚至有些粗鲁，所以很少使用手势。中东人、南欧人则非常喜欢手势，阿拉伯学者曾把阿拉伯人交谈时使用的手势划分为247种。玻利维亚的印第安人很少使用手势，其原因主要是当地天气寒冷，人们习惯将手放在披肩下或裹身的毡子里，常通过表情与眼神来传达信息。在日本和芬兰，人们也较少使用手势，人们所接受的教育是要控制并掩饰自己的感情，因此使用肢体语言较为有限。

从表达信息上来看，美国人的手势主要用以表示动作，犹太人的手势多用于强调，法国人的手势主要用于展现一种风度和克制，意大利人的手势多用来描述复杂的空间概念。此外，不同文化中一些比较常用的手势所传递的信息内涵在程度上也有所不同。例如，用食指和拇指做出"O"的形状，中国人表示的是数字"0"，美国人表示的是"OK"，法国人表示的是"零"或"无价值"。

（四）姿势语

在日常生活中，人们的坐、走、蹲、卧等身体姿态即为姿势语（posture）。

不同文化对于姿势语的使用也存在一定的差异。中国传统社会对姿势的要求严格，认为人应该坐有坐相、站有站相。直到今天，一些中国人仍旧将女子跷起"二郎腿"视为一种举止轻浮、缺乏教养的表现。美国人和加拿大人崇尚随意和友好，坐姿和站立通常较为放松，但是这些行为在德国、瑞典等国家则是粗鲁、不礼貌的体现。美国人坐着时，常跷起"二郎腿"，但这种姿势在朝鲜半岛、加纳、土耳其、泰国都属禁忌。

不同文化中的走路姿势也存在很大的差异。日本妇女的步子碎而小；美国女性走路步子迈得大，腰挺得直。此外，不同文化中蹲的姿势也有所不同。在中国北方农村，人们在聊天和吃饭时，习惯蹲着；美国人则认为在公共场所蹲着是一种不雅的行为。

二、沉默

沉默（silence）作为人际交往中的一种主要的非语言符号，包含多种程度不同的信息，往往作为语言符号的补充，能将语言符号隐蔽的信息反映出来。

在不同的文化中，沉默可分别表示正在思考、压抑、蔑视、不同意、责备、赞成、原谅、谦恭、允诺、悲伤等不同的意义。

东方文化给予了沉默很多积极意义。中国古训有"非淡泊无以明志，非宁静无以致远"，体现了中国人对沉默的依赖与向往。汉语中有很多成语也告诫人们要少说话，如"言多必失""祸从口出"，而"伶牙俐齿""巧舌如簧""油嘴滑舌"则含有贬义色彩。

阿拉伯文化和西方文化给予沉默更多的是消极意义。在这些文化中，沉默被视为是交往中最不理想的状态，沉默是无所事事、无话可说的象征。因此，人们难以忍受沉默，一般会通过提问的方式迫使对方说话。例如,阿拉伯人和希腊人强调朋友之间、家庭成员之间应进行积极的语言交流;对于意大利人来说,与朋友交谈是能带来乐趣的重要消遣方式,也是美好生活的标志。所以,很多西方学者将沉默视为传播的对立面,排斥沉默在传播中的积极作用。

需要指出的是,在某些西方文化中,沉默也可能代表着高度的相互理解和信任,如在密友之间。例如,芬兰人就认为沉默是社会交往活动的重要组成部分,沉默不代表没有交流,重要的是"懂得什么时候应该闭口是一种美德"。

20世纪80年代后期,西方传播学者开始对沉默进行实用性研究。他们对沉默的非语言符号功用如何介入传播进行了分析,对沉默的积极与消极意义进行深入探讨。陆续呈现的研究指出,沉默是一种"混合的"语言,沉默与人际对话有关,"话语没有停顿是不可理解的,沉默不是一种间隔,而是一座联合声音的桥梁"。研究者发现,沉默能传达信息,尤其人在词语表达出现限制时,沉默中运用的表情、身体动作、接触等非语言符号对于暂时出现的意义空白具有增补作用。对语词无力解决的事情,沉默则能起到只可意会、不可言传的作用,这时"语言与传播合为一体,语言中有着沉默的知识,就像沉默拥有语言的知识一样"。

围绕沉默研究,有的研究者提出了会话的数量原则,即对话时提供的信息量应适量,说话的多少要与不同环境相适应。不同群体对什么时候应该开口以及应该讲多少话的期望有一定的差异,这些差异一般是潜意识的。

哈维·萨克斯(Harvey Sacks)等在研究如何调动和组织谈话的过程中,将沉默总结为以下三种样式:

(1)空白(lapse)。当没有人继续谈话时,或是没有人愿意或能够接替谈话之时,这时的空白常使人感觉不舒服。

(2)空档(gap)。一个讲话者结束了谈话,人们也知道下一个人是谁,但是这个人还未上场,这种沉默属于传播过程中的停顿和间歇行为,若持续时间比较长,同样会给人造成不舒服的感觉。

（3）停顿（pause）。停顿多出现在一个人说话的过程中，是较为自然的沉默范围，谈话者停下来一般是为了思考或改变谈话内容。这种沉默能避免语言表达的平铺直叙，能将传播者的心理活动过程体现出来。

沉默是表现社会文化特征和心理过程的"话语真空行为"，形式与意义结合有很大的不确定性，并存在文化差异。若完全将沉默看作负面的传播现象，忽视沉默与人和语言的正关联，对沉默持否定态度，缺少对沉默的观察，那就无法更好地理解沉默的积极的传播意义。

三、服饰

服饰（attire）是通过服装和饰物来传递信息的一种非语言符号。根据人类学的研究，人类穿着服饰的目的主要有三种：

（1）礼貌，即因羞耻之念而把肉体遮蔽起来。

（2）保护，即保护身体、抵御气候的侵袭和外敌的攻击。

（3）装饰，即为装饰外观，以炫耀于众。

跨文化传播研究所关注的主要是服务于第三种目的的服饰。

服饰与特定时代、特定群体的文化有关。"一方面，服饰反映着人类的观念、制度形态等精神文化的内容，反映着特定时代人们的思想情感、主观意愿、社会习俗、道德风尚和审美情趣，是一种反映社会成员普遍心理和民族精神实质的文化形态；另一方面，服饰是文化群体的特征呈现，文化及群体自身的不断演化必然导致了服饰式样、着装方式与服饰观念的衍化。"[1]

此外，服饰还能用于对社会等级和社会阶层进行区分，可以传递多种信息，如经济水平、教育水平、社会地位、经济背景、社会背景、教育背景、是否值得信任、是否庸俗、成功水平和道德品质等。从这一意义上来看，服饰能体现社会人的公共地位。也就是说，从一个人的服饰上，人们能对其社会地位与职业状况做出大

---

[1] 孙英春. 跨文化传播学导论[M]. 北京：北京大学出版社，2008：49.

致的判断。

中国传统的服饰深受儒家思想的影响。孔子的《论语》有云:"质胜文则野,文胜质则史。文质彬彬,然后君子。"这里的"文"指涉"文采""文辞""才情"等,表现在外部,尤其是延伸到服饰上,则指外表、外在的修饰,又有"纹饰""装饰"等含义;这里的"质"意思是"质朴""朴实""本质"。只有"质"与"文"高度统一,也就是内在本质、精神与外在纹饰达到了高度和谐一致,才能称得上是尽善尽美的君子。

受这样的服饰观念影响,中国传统服饰强调人的精神与气质,而非人体的曲线,注重服饰整体的外观效果,对图案的细致与华美比较在乎。西方传统服饰文化则留念于人体的表达,认为服饰的一个主要目的就是表现人体。西方服饰从一开始就注重人体美的理念,经过历时发展,西方人对人体美的崇尚使西方服饰在近现代社会走上了塑形的道路。

长衫和西服是中西传统服饰的代表,通过对两者进行比较可以看出两种服饰文化的差异。西方人注重自我,性格外向,具有一定的进攻性,所以,服饰体现出一种坚实、挺拔、稳固和刚性;中国人更在乎人际关系,服饰以线条为主,柔软多变,更注重和谐。西方服装对独立性比较看重,突出形体和性征;中式服装寻求"从众"与中庸,努力使自身的某些独特性得到消除。

第五章　跨文化传播产生的根源

跨文化传播研究的立足点是对文化差异与文化包容的关注。跨文化传播学的学科本质与存在意义在于通过对人类文化差异的研究,获得对人类生活的时代与社会的理解和把握,从而最大限度地克服文化差异,实现文化包容。也就是说,当前文化差异与文化包容研究的重要性更加凸显,是跨文化传播中不可忽视与不可回避的问题。对此,本章将对与这两点相关的内容展开分析。

第一节　文化差异与文化冲突

文化差异是跨文化传播产生的根源,而正是文化差异的存在,不可避免地会引起文化冲突,影响不同文化间的和谐。本节就对文化差异与文化冲突的概念进行分析。

一、文化差异

如同人类自身的存在一样,文化差异不可避免,也不可改变,其对不同文化各自的存在、关系等有着重要的影响作用。正是文化差异的存在,使得文化具有多样性,如果没有文化差异,那么文化不可能向多元方向发展,也不可能多姿多彩。

对于文化差异,不同的派别有着不同的观点。

进化论学派认为,所有社会都要经过相同"进化论"阶段的预定序列,各个文化都会以不同的速度,经历着文化预定阶段,当一些文化处于较高阶段,其他文化处于较低阶段,就会导致文化差异的存在。达尔文的《物种起源》出版不久,人类学家摩尔根就出版了《古代社会》(1877)一书,认为人类文化是在蒙昧、野蛮、文明的基础上发展而来的。进入 20 世纪初期,爱德华·泰勒认为,所有社会都要经过原始—野蛮—文明这三个状态。之后,汤因比指出每个文明可以划分为五个阶段:起源、生长、衰落、解体、灭亡。

文化人类学派认为,文化之所以存在差异,就在于制度、认知结构等的不同。其中,马林诺夫斯基的观点有着重大的影响,他指出孤立的文化特征的差异并不是社会中的基本差异,社会最初的差异源自人们生理、工具、整合的需要,为了满足这些需要,社会便形成了制度或经常性的行为模式。可见,文化是一个经过整合而成的制度网络,之所以存在文化差异,是因为制度的差异性。受这一思路的影响,其他学者也指出文化差异源于认知结构的差异。

扩散论学派认为,多数文化并没有创造力,人类文化的多数要素都起源于某一地方或者少数地方,而后逐渐扩散到其他地方。

虽然各个学派的观点不同,但是都认同了文化差异的存在。

二、文化冲突

英文中的 collide 一词源于拉丁语 com 与 fligere,具有"一起碰撞"的含义。在形形色色的文化与社会中,冲突不可避免。

所谓文化冲突,是指由于文化差异的存在,导致文化价值观上的强烈对抗与尖锐的矛盾。可以看出,文化冲突产生的重要根源在于文化差异。因此,如果人们不了解不同文化的差异性,不了解这些差异产生的根源与发展的趋势,那么必然不利于不同国家、不同民族之间的有效交往与交流,也不利于国家间的和谐发展。

一般来说,在跨文化交往中,文化冲突往往通过人际冲突来体现。不同文化应对人际冲突的形式是多样化的,一般情况下可以划分为五种：

（1）回避。这一取向认为，人们应该尽量回避冲突，回避的方式可以是提出新的话题或者转移他人注意力或者保持沉默等。

（2）调节。这一取向侧重于发现与满足对方的需要，而不是凸显自己的需要来避免冲突。

（3）竞争。这一取向认为冲突是必然的，应该以竞争的姿态展现一种积极的品质，这有助于实现自己的愿望，而不是被需要左右自我。

（4）妥协。这一取向是以妥协换取折中的结果，最大限度地满足双方的需要。

（5）合作。这一取向认为每个人的目标与需要都应该得到满足与尊重，以平等的姿态对冲突进行解决，实现双赢。

除了人际冲突，跨文化交往还会造成规模较大的文化冲突，其是基于文化误读、文化忽视而产生的，是所有交往关系中不可避免的。不同文化体系的观念、社会规范等存在差异，甚至存在排他性，这对文化冲突必然会造成深层影响，也使文化冲突很难解决。

第二节 文化的观念体系与规范体系

文化差异是历史与文化积淀的结果，其往往比意识形态和政治体制的差异更为深刻。正是文化差异的客观存在，意味着文化间的理解需要漫长的调试过程。针对文化差异的学术考察，首先需要弄清楚文化观念体系与规范体系，只有这样才能更好地理解文化差异，避免出现误读问题。

一、文化的观念体系

文化的观念体系指的是与自我、他人、外部世界相关的信念与思想，表达的是特定文化群体所享受到的对社会现实的看法，也是在人们社会行为中逐渐渗透的、具有系统性与普遍意义的观念之和。在跨文化交往中，人们往往会依据这些观念，去应付其他文化带给自己的行为上、思想上的混乱。

文化的观念体系主要体现在世界观、人生观、价值观层面。世界观是文化关于世界本质的总体观念，是人类对世界方式与结果的把握；人生观是世界观在人生问题上的表现，会受到不同世界观的影响与支配；价值观是文化观念体系的深层内核，其中包含了道德、情感、认知等多个层面，也是文化观念体系的关键部分。本节就对这三大文化的观念体系展开分析和探讨。

（一）世界观的差异

世界观是人们对包含社会、自然界与人的精神世界在内的整个世界的总的观点与看法，映射了对于人类、生命、存在等影响文化成员对世界看法的问题的体验与感悟，代表了不同文化最为根本的思想基础。

世界观从多个层面对文化成员的行为、感知等产生影响，并对经济、社会等也有着深远的影响。自从人类文明诞生，每一种文化都负载着自身独特的世界观。

世界观对于跨文化传播研究的意义在于世界观渗透在构成文化的各个要素中，世界观不同，选择与行为也必然不同。只有对一种文化的世界观有所熟知，才能对这种文化的其他层面做出预测。这是因为不同文化的世界观有些层面存在相通之处，但是也存在明显的差异性。文化的许多差异都是建立在世界观差异的基础上的，以世界观差异作为本源，由此而影响了不同文化的社会实践。具体而言，世界观的文化差异主要表现为下面三点：

1. 关于世界的本质

对于世界的本质问题，不同文化有不同的解答。

中国传统观念中，世界包含双重意义：时间与空间。从时间层面上说，世界是溯之无始、追之无终的；从空间层面上说，世界

第五章 跨文化传播产生的根源

是虚空无尽的。不仅如此,世界上一切现象都呈现为"此生彼生、此灭彼灭",其间并没有永恒的存在,即所谓的"诸行无常"。

2. 关于人与自然的关系

人类与生俱来存在两大关系:一是人与自然的关系,二是人类社会内部的关系。自然是人类社会关系的媒介,因此,人与自然的关系起着决定性的作用。在对人与自然的关系的认知上,不同的文化有不同的选择。

中国人强调人与自然的和谐,即认为自然是人类的朋友,人与自然应该和谐共处。中国主张"天人合一",就是对自然的热爱,对万物的珍惜,追求人与自然的和谐共生,这是中国文化延续至今的标志与特征。

相比之下,西方强调两种观点:一种是顺从,另一种是征服。顺从即认为人在大自然面前无能为力,因此,人需要等待大自然的恩赐。征服即认为人是大自然的主人,人们为了实现自己的利益,就必须对自然进行征服。

3. 关于人性的善恶

关于人性的善恶,中国文化主张"性善论",即"人之初,性本善",这一观念指出每个人只有挖掘自身的善,社会才能太平。

西方人强调"原罪说",即每个人的内心都有邪恶倾向,人人都存在"原罪"。受这一观念的影响,西方文化存在一种集体的忏悔与反思意识,人们也相信虽然人本身是邪恶的,但是也可以进行改变,所以,在西方人眼中,人人都应该趋利避害。

以上就是对世界观的文化差异的对比,正是由于世界观的差异,才导致人生观、价值观等层面的差异。可以看出,世界观差异是其他文化差异存在的根源。

(二)人生观的差异

从一般意义上说,人生观是指人类生存的价值与意义的根本态度与看法。一般来说,人生观包含三方面内容:人生的目的、人生的态度、人生的评价。

人生观受价值观的影响和支配,除此之外还受传统、历史等要素的影响和制约。中国主张"万变不离其宗",就意味着中国人求稳,统一与稳定是中国人生活的头等大事,是社会得以发展的保证。这种稳定包含个人的稳定、家庭的稳定、社会地位的稳定、社会关系的稳定等。

相比之下,西方人认为人与动物之所以存在区别,就在于人需要不断审视自己的生存与生命状况,这是理性的显现。受这一思想的影响,西方人强调求变,即不断打破常规、不断创新。

（三）价值观的差异

一般来讲,价值观具有稳定性,但是这种稳定性是相对的。具体来说,如果条件不发生改变,人们对某些事物的评判是相对稳定的。价值观是基于社会、家庭的影响产生的,并且经济地位发生改变,价值观也会发生改变。中西方民族所持有的价值观显然是不同的,下面具体分析中西方民族的价值观差异。

1. 天人合一与天人二分

众所周知,"天人合一"精神是中国传统文化的精髓,延续了数千年,在这一精神思想的影响下,人们在审美观念上主要体现为与大自然相融,人与大自然是一体的。在中国古代历史上,很多哲学家、思想家都提倡"天人合一"的思想观念,他们认为艺术的表现同样应该体现出人与自然的天性,顺其自然,不可人为强制。儒家所提倡的美学观点是美学自身不仅需要具有合理性的特征,还需要合乎伦理,与社会习俗观念相一致,实现"真""善""美"的统一。此外,中国古代历史上所形成的审美理论还重视体物感兴,即强调主体的内心与外在事物相接触。中国古人还认为人应该与自然、与他人、与社会保持一种和谐的关系,要懂得欣赏大自然,将自己融入大自然之中,这被认为是审美的最高境界。

相比之下,在西方国家,人们大多认为世界是客观的,是与人

第五章　跨文化传播产生的根源

对立的一个存在,即主客二分。人作为社会的主体,想要认识和了解世界,就需要站在对立面上对自然界进行认真的观察、分析、研究,如此才能从根本上了解和认识大自然,领悟大自然之美。换言之,西方人的文化审美强调对大自然进行模仿,认为文化就是对大自然的一种模仿。希腊是西方古代文化的发源地之一,这一地区最突出的文化艺术形式就是雕塑,其在很大程度上表现出了西方人的审美观念与标准。除了雕塑,西方人还十分喜欢叙事诗,二者作为艺术领域的典型代表,都反映了西方社会主客二分的审美标准,是一种写实风格的体现。西方人认为,人对大自然的审美一般包括两种心理过程:畏惧、征服。因此,人们对审美判断的最终结果往往也局限于这两种心理过程中。

2. 重义轻利与重利轻义

中国受儒家文化的深刻影响,形成了重义轻利的观念。在义与利的关系上,儒家学说提倡"义以为上",要求把群体的利益放置于个人利益之上,突出"义"的普遍性和绝对化,反对唯利是图,力图通过这一观念来解决个人与社会的矛盾,协调个人与群体的关系,避免由于利益的冲突所产的个人与社会的对立,这对维护社会的稳定,无疑会起到很大的作用。在这种精神的渗透下,中国历史上确实出现了很多舍生取义的民族英雄,他们为了国家和民族的利益牺牲自己。在中国古代,人们羞于谈利,甚至将追求个人利益当作一种耻辱,将追求金钱作为一种道德的偏斜。过度鄙视利益,否定对物质的追求,不利于人的全面发展,在某种程度上萎缩了民族的进取意识,造成了一定的负面效应。

相比之下,西方海洋文化所孕育出来的社会精神,使得西方人形成了一种以个人为中心的价值取向,个人的生存与发展都依赖于自己,每个人都要对自己的行为负责。家庭与个人的关系只是一种暂时的关系,在家庭中,成员是自由的,淡化个人对家庭的责任与义务,在财产归属上,西方延习的是"同居而异财"的方式,虽然同居,但财产分属十分明确。西方私有制的延伸导致父子、兄弟、夫妻都有自己的私有财产,夫妻之间的关系是平等的,血缘造成的家庭尊属关系必然被法律关系所取代。在人与人之间的关系上,西方文化强调平等与自由,要求人们爱人如己,西方对这种处事原则多有认可。在很多情况下,当矛盾发展成为激烈的冲突时,人们往往诉诸法律。西方人具有十分强烈的法律意识,法律是调节人与人、人与社会之间冲突的一个有力杠杆,早在古希腊时代人们就提出了"社会契约"的观点。西方文化讲求人人平等、自由,注重人的人格与尊严,这对造就个人的创造性与开拓性,打造人的整体向上精神,无疑是不可或缺的思想动力。家庭观念淡化,家庭成员的地位平等,这有助于形成平等的人格意识,促进人的内在潜能的开发以及全面成长。不过,个体本位也在淡化亲情关系,导致人际关系十分冷漠,人与人缺少必要的交流与沟通。家庭结构松散不利于整个社会的稳定与和谐发展,不利于适合向心力的加强,也不利于形成强大的民族凝聚力。人与人、人与社会的关系揭示了人的本质属性,即社会性,这一属性要求在对个人进行评价时要将人看作社会中的人,将人放入一定的社会关系中进行评价,任何一个人一旦脱离了一定的社会关系,就无所谓个人的能动性与创造性,也就谈不上个人价值,更不可能推动整个人类社会的进步与发展。

3. 求稳与求变

受儒家思想的影响,中国文化历来强调求稳求安,渴望祥和安宁。中国人习惯乐天知命,即习惯生活在祥和的环境中,知足常乐、相安无事,稍微发生变动,中国人往往会有杞人忧天、无所适从之感。同时,受农耕文明的影响,人们的价值观往往被禁锢在土地上,认为只有安居,才能乐业,如果背井离乡,那么就会像游子一样,漂泊无依。现如今,人们对于安居的理念也是根深蒂固的,认为即使蜗居在一个特别小的房子里,也会具有满足感。

相较于中国人求稳,西方人更倾向于求变,认为"无物不变",尤其对于美国这样一个多元移民的国家,人们为了满足基本的生存需要以及对物质的迫切需求,一直在求变、求创新。如果不进行创新,那么就不能满足他们已经取得的成就,也无法追求更美好的生活。因此,美国人往往不会受传统的限制,也不会受教育、家庭、个人能力等条件的限制,而是不停地在变换中探求个人的最大潜力,从而实现个人价值的最大化。在这种社会意义上的"频繁移动"的推动下,财富、机会等的流动越来越频繁,从而逐渐形成一个不断创新、标新立异的社会文化氛围。从小的方面说,服饰、家具装潢等都在不断创新,从大的方面说,政策、科技等也在不断更替,这些都明显体现了西方人求变的心态。

二、文化的规范体系

规范是确定与调整人类共同活动、人类关系的原则,也是社会人的一条规则与准绳,要求任何人都要与共同体的利益相符,进而使社会逐渐成为一个整体。就这一意义而言,规范就是社会规范,为社会成员拥有。同样,文化也具有规范体系,下面就对其进行分析与探讨。

对于规范的定义,不同的领域其界定也不同。社会学者常常将规范等同于行为的规则、行为的准则等,是确定与调整人类共同活动与人类关系的原则。传播学者认为,规范是恰当的、得体的传播模式。社会语言学家认为,规范是在不同社会中,被认为得体的、恰当的各种行为标准的总和。人类学家认为,规范是人类如何行动的一整套固定规则。

在跨文化传播的视角中,规范是价值观、信仰的外在表现,是人们开展社会活动的一种行为模式。规范源于历史与生活实践,是维护社会关系的一种客观要求,决定着人们参与社会活动的标准,对人与人的关系起着限定作用,也对文化成员的价值判断、共有观念等起着决定性作用。

规范的内容多样,不仅包含了对违反规范行为的惩罚,还包含了对人们社会行为进行评价的系统。简单来说,就是规范告诉了文化中的人们应该做什么,不应该做什么。

社会的规范体系不同,文化模式也存在差异。每一个文化成员的生命历程,都源于对自身文化系统中传承的规范体系的适应,从而逐步实现与规范体系确立的伦理标准、行为模式的一致。

第三节　文化认知体系与文化心理

文化认知是文化心理的核心内容,文化不同,其认知体系也必然存在差异,突出表现为从自己的心理结构与经验出发,对客观世界中的各种事物加以解释与理解。无论是初级的感知,还是高级的思维方式、态度等认知活动,都是基于一定的心理结构与经验建构起来的。

文化与心理有着密切关系,文化对人类生活的基本层面进行塑造,人们逐渐形成的心理过程也是由文化塑造的。从心理学层面考量文化,不仅是人类心理建构的中心角色,也是个体的具有某种共性的一种"集体心理程序",对个体的思维、感知等起着决定性作用,进而对人们的认知结构、行为模式起着决定作用。

本节就基于文化认知体系与文化心理这两点来进行分析与探讨。

一、文化认知体系

文化认知的基础主要表现在两大层面:一是感知,二是思维方式。下面就对这两大层面展开详细分析。

(一)感知

从一般意义上说,感知指的是人通过感觉器官,对外部信息进行选择、解释与组织的过程,是人类认识外部环境、认知客观世界的基本形式。在跨文化研究中,感知还是人们构建世界观的重要机制,同时,世界观为人们的感知提供了基础。

感知是感觉与知觉的结合。其中,感觉是对事物个别属性的反映,如形状、气味、大小等,这些信息保证了机体与环境的协调与平衡。人类对世界的认知是从感觉开始的,人类生活的世界也是一个充满感觉的世界。知觉是人脑对各种感觉信息加以解释与组织的过程,是反映事物整体与关系的过程。作为一种过程,知觉包含了三种作用,即觉察、分辨与确认。

人际交往中的感知是由人们的器官决定的,通过观看、倾听、触摸等与他们展开互动,人们可以对各种信息进行接收,并对信息产生相互印象,还可以运用感官对信息进行选择与整理。这也表明,人际交往中的感知是信息共享的双向过程。

感知的世界与真实世界并不完全一致,这是因为感知不是一个独立的心理过程,而是思维、注意力、语言等相互作用、相互影响的结果。每一个传播者与信息接收者都具备独特的经验,人们也会倾向于运用固有的知识进行感知。更为重要的是,人们在用感觉器官对信息加以接收时,并不是对环境中的一切刺激都接受,而是带有选择性。

(二)思维方式

思维这一术语相对比较抽象,因为对于人类而言这是一种不可见的事物,其存在并运行于人类的大脑中。中西方文化最根本的不同表现在思维方式上。

傅雷先生曾这样说过:"中西方的思想方式之间存在分歧,我人重综合、重归纳、重暗示、重含蓄,西方人重分析,细微曲折,挖掘唯恐不尽,描写唯恐不周。"[①] 从中可以明显看出中西方思维模式的差异,但具体表现在哪些层面,下面进行详细探讨。

---

① 张义桂.中西方传统思维方式的差异及成因[J].文史博览(理论),2016,(6):44.

1. 圆型思维和线型思维

直线的特点在于无限延伸,圆的特点在于拥抱圈中世界。也就是说,圆给人的感觉是含蓄、温和,表现在思维模式上就是圆型思维,或者说是螺旋型思维。中国人在观察事物时,采用散点视思维方式;在看待事物时,比较注重通过自身的思考来获得思想结论,比较轻视形式论证。这是因为在中国的思维模式中最重要的因素是整体性,将事物作为有机整体进行概括性的研究和探索,这体现了一种螺旋型思维模式。螺旋型思维模式呈现曲线的形状或圆形,并且循环上升,具有明显的间接性。

相比之下,西方人的思维模式最引人注目的一点是它注重个体性,习惯于把复杂的事物分解成一个个单独的要素,然后各个击破,逐个单独进行逻辑分析,注重形式论证。在观察事物时,采用焦点式思维模式,呈线性。西方人坚持"天人相分"的理念,这是他们看待人与自然的关系的态度。所谓"天人相分",意思是指事物之间相互独立和区分开来,并且事物的状态是随时随地在改变的。这就体现了他们的线型思维模式。因此,西方人在长期使用线型连接和排列的抽象化的文字符号的过程中,思维线路逐渐发展成直线型,具有明显的直接性。

2. 形象思维与抽象思维

中国形象思维表现在中国人在认知时总是喜欢联系外部世界的客观事物。这和中国人的语言——汉语也是休戚相关的。汉字经过数千年的演变从古代的象形字转变为今天的形声字。汉字方正立体,导致人们容易把它们同外部世界的事物形象联系起来。有些字仍保留了很强的意象感,如"山"字可以使人们脑海中显现出自然界里山的形象,文学作品特别是古代诗词中也充满着丰富的意境。这种意象丰富的文字被中国人经常用来思维,因此,中国人逐渐养成了形象思维。这种思维极富情理性、顿悟性和直观性。正是由于中国汉字的立体感,因此,中国人在进行辩证思维时总是首先想到具体的物象、事实、数据等,然后再从中

第五章　跨文化传播产生的根源

归纳出规律来,就是说,他们总是倾向于采用归纳法。

与逻辑思维善于思考未来不同的是,形象思维更关注过去和现在,具有反馈性。一个国家的历史越悠久,那么这个国家的人往往就会更加看重历史,受过去的影响也会很严重。众所周知,中国的历史是十分悠久的,所创造的华夏文化也是很灿烂的,因此中国人就会以国家的历史为傲。综观中国的历史变化,可以看到中国遭受了多次的侵略,导致生灵涂炭,这种家破人亡、流离失所的惨痛经历是难以忘记的。每一个中国人对自己的祖国都有着深厚的感情,这种感情使得他们勇敢反抗外族入侵,而在这一过程中所形成的家国仇恨的心理文化同样会延续下来,警示后人。

此外,中国古代所倡导的儒学思想要求人们要尊敬祖先,重视历史发展过程中所积累的经验,应牢记"古为今用"。因此,中国可以说是世界上最看重历史与过去的民族之一。从理性层面进行分析的话,可知看重历史的民族往往也具有十分保守的表现。例如,对于消费,中国人所持有的消费观念是求稳、安于现状、保守。这种消费观念形成的根源,就在于中国古代是由一种自给自足的农业经济体制以及严格的宗族血缘关系形成的国家结构形式。

相比之下,西方语言属于印欧语系,受印欧语系语言特征的暗示和诱导,西方人所擅长的思维形式是基于逻辑推理和语义联系的逻辑思维。就西方的语言而言,它回环勾连,有着溪水一样的流线形式,这就使得人们注意事物之间的联系。西方语言的符号形式和语法形式使得印欧语系民族对事物的表面逻辑的感知更加强烈。

由于抽象的书写符号、语音形式逃离现实世界,因此,印欧语系的民族更多地游走于现实世界之外而进行纯粹的思考。一连串无意义的字母连接成有意义的单词,然后单词排列成短语、句子和篇章。由于西方语言走的是"点—线—面"的路线,缺乏立体感,因此,诱发人们形成了脱离现实世界的抽象思维。西方抽象思维借助逻辑,运用概念、判断、推理等思维形式,探索事物的本质和内在联系。

3. 整体性思维与分析性思维

在最早的生成阶段,宇宙呈现出混而为一、天地未分的混沌状态,即太极。太极动而生阳,静而生阴,在动静交替中产生出阴、阳来。阴阳相互对立、相互转化。事物总是在阴阳交替变化的过程之中求得生存、发展。从哲学的角度来看,阴和阳之间的关系是从对立走向对立统一的。这就体现了中国传统哲学的整体性特点,它不注重对事物的分类,而是重视整体之间的联系。春秋战国时期,儒家和道家两大文化派别的思想都表现出了整体性思维模式,只是二者表现的角度有所不同。在这两种文化派别的思想中,人与自然、个体与社会就是一个大的整体,二者是不能被强行分开的,必须相互协调地发展。儒家所大力提倡的中庸思想就发源于阴阳互依互根的整体思维。

包罗万象的大宇宙也是一个大的整体,其中的各种事物看似相互独立,实则相互联系,但是也不失去本身固有的特性与发展规律。中国人总是习惯于先从大的宏观角度初步了解、判断事物,而不习惯于从微观角度来把握事物的属性,因此得出的结论既不确定又无法验证。总之,中国人善于发现事物的对立,并从对立中把握统一,从统一中把握对立,求得整体的动态平衡。

相比之下,西方人对事物的分析既包括原因和结果的分析,又包括事物之间相互联系的分析。17世纪以后,西方分析事物的角度主要是因果关系。恩格斯特别强调了认识自然界的条件和前提,他认为只有把自然界进行结构的分解,使其更加细化,然后对各种各样的解剖形态进行研究,才能深刻地认识自然界。西方人的分析性思维就从这里开始萌芽,这种思维方式将世界上的人与自然、主体与客体、精神与物质、思维与存在等事物放在相反的位置,以彰显二者之间的差异。

分析性思维还具有两个鲜明的特征。首先,分析性思维,说得简单点,就是分开探析的思维,这就必定要把一个整体的事物分解为各个不同的要素,使这些要素相互独立、相互分开,然后对各个不同的独立的要素进行本质属性的探索,从而为解释整体事物及各个要素之间的因果关系提供依据。其次,以完整而非孤立、变化而非静止、相对而非绝对的辩证观点去分析复杂的世界。马克思主义哲学大力提倡这种思维层次。

二、文化心理

在社会学的研究过程中,群体心理过程以及不同范畴的心理现象都与文化心理密切相关,因为人类的心理活动往往被文化左右,表现为一定的文化心理范式。人的文化心理是文化在人的心灵深处内化、渗透、积累的一种心理状态。

(一)文化心理学的研究思路

文化心理学是当代心理学在文化转向过程中出现的一种研究形态。

19世纪50年代,德国心理学家威廉·冯特(Wilhelm Wundt)指明了心理学的两大领域:实验心理学(experimental psychology)和民族心理学(folk psychology),后者即是现代意义上的文化心理学的基础。冯特认为,人的心理的形成既有自然因素又有社会因素的原因,民族心理则是社会因素的结果,是人的高级心理过程的体现。他还指出,对民族群体的心理研究应从神话、习俗和语言的视角进行,因为这些因素与民族心理密切相关,其中语汇和语法本身就能揭示该民族的心理气质。

文化心理学在当代的发展成熟,以詹姆斯·斯迪格勒(James Stigler)等人在1990年出版的《文化心理学》为标志。根据该书的解释:文化心理学的基本思想在于,人类的心理活动过程根植并依赖于符号系统和社会组织系统。具体来说,人一方面依据自己的心理来改造世界,赋予世界新的图景;另一方面又运用心理来认识和体验世界,获得有关世界的知识和心灵把握。在这个过程中,世界成为文化的组成部分,人的心理也在不断接受刺激的过程中形成、发展和深化,成为文化世界的重要组成部分。

关于文化心理学的学科任务,理查德·施威德提供了另一种解释:文化心理学关心的是人对其意向世界和意向生活的解释。人们所处的文化环境就是一种意向世界,人们需要不断地从这个世界中探寻意义与资源。没有一个文化环境的存在和人们对它的认同,能独立于人们捕捉与使用意义和资源的方式之外。进一步说,人们捕捉和使用意义和资源的过程会影响和改变每个人的心理,这种改变又反过来影响意义的捕捉与使用,二者是一个相互建构的过程。总之,文化心理学探究的是"隐含在意义和资源中的心理,这些意义和资源既是心理的产物,也是心理的构成"。

作为心理学研究的一个重要视角,文化心理学蕴含着对心理学的研究对象、研究方法、研究目标及学科性质的独特理解。尤其是由于认识到人类心理与文化语境互相界定、创造生成的过程,文化心理学将个体心理与广泛的社会文化背景联系起来,深化了心理学对心理本质的认识,促成了心理学研究从"心理"视角向"社会""文化"视角的转变,从纯粹的自然科学研究模式向自然科学与社会科学研究模式共存的方向发展,从单纯抽象的理论研究向重视实践的应用研究转变。

文化心理学的核心观念在于文化与心理的关系是相互建构、互为因果的关系,即文化对于生活在其中的人们的心理与行为有着重要的影响,生活在不同文化规范下的人所具有的心理与行为特征,都根植于当地的文化传统之中。在这一观念的影响下,文化心理学的研究思路主要有以下四种:价值途径,认为文化决定着特定人群的价值观;自我途径,认为文化与文化群体的认同结构有着紧密的关联;语境途径,将生态学的观点引入文化比较之中,认为文化作为一种生态环境,决定了人群的认知机制;理论途径,认为在社会化过程中,自身文化构成了特定人群的认识论,对这种认识论的探讨能使人们从更深的层次上理解文化差

第五章 跨文化传播产生的根源

异。与这些研究思路相适应,文化心理学的研究方法包括:实地研究、价值调查法、文化启动研究等。

文化心理学的兴起符合心理学的发展要求,特别是形成了对跨文化心理学的挑战,主要表现在两个方面:第一,与跨文化心理学将文化作为心理过程发生的场地或背景不同,文化心理学将文化视为心理过程的决定性的因素。例如,语言作为一种文化成分,常常决定个体的思想与行为,个体在接受一种语言的同时,也接受了相应的行为和文化模式。进一步说,不同的文化模式不仅构造了不同的思想,也构造了不同文化中人们的感知。第二,与跨文化心理学把文化作为寻找具有普遍意义的心理规律所要排除、克服的"干扰因素"不同,文化心理学认为,人的心理结构与变化不可能独立于文化的背景,心理与文化相互映射、相互渗透,心理学研究永远不可能将研究对象与文化情境相剥离。

当然,跨文化心理学与文化心理学之间并不完全是非此即彼的关系。李炳全清楚地指明了这一点:"如果你想描述和理解,那么,文化心理学的方法是十分有用的;如果你想预测和说明,那么最好尝试跨文化心理学的方法。"不过,由于跨文化心理学研究的文化与被研究的文化有极大的文化距离,可靠的、完整的跨文化研究首先应该由文化心理学研究来充实。

一个时期以来,文化心理学也在不断招致诸多的批评。其中,文化建构主义心理学的开拓者肯尼思·格根(Kenneth Gergen)的观点较有影响力。在他看来,经验主义方法论仍渗透在文化心理学研究中,通过范畴、变量、语言规范化、数据等术语发挥着作用,而道德、政治、思想意识被排除在文化心理学研究领域之外,这反映了经验主义方法论的价值中立预设。总之,文化心理学仍然是西方经验主义的产物,它缺乏向主流心理学的主要理论发起挑战的能力。有必要说明的是,正在兴起的文化建构主义心理学的研究旨趣就在于将解释人类行为的焦点从内部心理结构转向外部的互动过程,也就是把心理研究拓展到作为个体的人与社会以及人与文化的关系领域中。对于当前的心理学研究和其他社会科学研究来说,这一努力无疑预示着积极的、光明的前景,必将成为文化与心理研究领域的一股重要力量。

近年来,心理学逐渐摆脱了"欧美中心主义"的研究模式,朝着"非殖民化的"心理学方向发展,这在很大程度上得益于文化心理学的学术贡献。不能忽视的是,当代社会生活方式的演变和时代精神的变迁,也是这次变革发生的主要原因。现代科学技术特别是信息技术给人类生活带来了前所未有的巨变,为不同文化、不同种族、不同阶层的人在极短时间内提供了相互交流和沟通的机会。其结果就是,人们越来越多地感受到不同文化中的人们在观念、认知和情感等方面的巨大差异,从而导致对人的理性和绝对真理的怀疑。

(二)文化心理的宏观与微观视角

人类文化心理在很大程度上是共通的,具有共性,而文化心理的民族性部分是具有民族特色,为特定民族所有的部分,即文化心理的特殊性、差异性。下面将从宏观与微观两个视角对文化心理展开分析。

1. 文化心理的宏观视角分析

(1)文化心理的相似性

文化心理具有世界性,即共性或相似性的部分。人类由于共同的生理特征、基本认识过程和方式,因此有一些共同的需要和发展的动力,如都想不断优化自己的生命存在,提高自己的生命或生活质量等,这既是人际心理学家所承认的超越意识的存在,这种超越意识也就是人们所追求的真、善、美、单一、秩序、公正等终极价值,也是人类集体无意识的一种表现形式。

集体无意识心理是人类在共有的心理机制基础上,或在共同文化环境的影响下所形成的一种潜在的心理,如大部分人都对美好的事物产生愉悦的心情,而对丑陋的事物感到厌恶;大多数人都认为绿色象征生命,黑色代表死亡等。因此,即使使用不同的

第五章 跨文化传播产生的根源

语言,也会唤起大多数人的思维同感,并被人们接受。

这样的命名方式是建立在某种集体无意识心理上,可以被跨越文化和种族的读者所接受。虽然人的心理与行为存在文化差异性,但既然是人,就必然存在着共同的"人性",而且正是这些共同的人性构成了不同文化或种族的人沟通交流,乃至融合的基础。

（2）文化心理的差异性

人在实践活动中,一方面依据自己的心理(意识、需要、认识等)来改造世界,赋予世界新的图景(如菊花在日本人看来代表着柔美,梅花在中国人看来意味着坚强等),使它文化化,适合于人;另一方面,人又运用心理来认识和体验世界,获得有关世界的知识和心理把握。

文化不仅仅是一种简单的语言现象,而是人们依据自己的认识,赋予名称符号新的意义,以达到使其文化化的目的。而人又要通过心理去体验和认识这些文化化的事物。同时,人的心理和行为以及刺激的文化意义都是在具体的语境中和环境中形成和发展的,由于不同民族和文化或文化种群所处的环境和语境不同,因而使文化或文化心理具有民族性。独特的生态环境使文化和文化心理具有民族性或独特性、差异性。中国与西方是在地域、生态、历史、文化语境等方面存在着明显差异的文化圈,这也使得中西方在文化上的多种差异性。

2. 文化心理的微观视角分析

（1）强语境文化—弱语境文化

1976年,霍尔提出了"强语境文化"和"弱语境文化"概念。这两个概念产生的依据是不同文化中交际对其环境的依赖程度不同这一事实。在强语境文化中,交际对其环境的依赖程度较强,交际中大部分的信息都蕴含在交际情景中,交际言语中只负载很少的信息量。在弱语境文化中,交际对其环境的依赖程度较弱,交际中的大部分信息由言语负载,只有少量的信息蕴含在隐性的环境中。

举例来说,两个相互熟识的人在交际时只需用简洁的话语、微小的手势、表情或眼神就能理解对方的意思。这便属于强语境交流。但是,当具有两种不同文化背景的人用英语进行交流时,只有每一句话都准确、清晰,才能向对方传达出自己想要表达的意思,这便是弱语境交流。强语境文化与弱语境文化的冲突是影响跨文化交际的重要因素。

霍尔指出,任何一种文化都在不同程度上体现出强语境和弱语境的某些特征,大多数国家或民族的文化有着明显的倾向性。将世界部分国家的文化倾向按照强语境向弱语境的顺序排列,呈现出如下顺序:(强语境文化)日本→中国、朝鲜→非裔美国人→印第安人→阿拉伯人→希腊人→意大利人→英国人→法国人→美国人→斯堪的纳维亚人→德国人→德裔瑞士人(弱语境文化)。从上面的顺序排列中可以看出,美国属于弱语境文化区,而中国属于强语境文化区,主要原因包括两方面:

第一,美国社会的主流价值取向是个人主义,个体的独立性较强,人际间联系较松散,居住也比较分散,共知的信息相应很少。因此,言语便成为交际过程中传达信息的主要途径,语境承载的信息量很少。

第二,中国社会的主流价值取向是集体主义,个体的独立性较差,对集体的依赖性较强,人们相互依存度高,共享各种信息。因此,在交际过程中,交际情景中蕴含了大部分人们想表达的信息,言语负载的信息量相应减少。

强语境文化与弱语境文化常发生冲突。在言语表达方面,强语境文化中的人重视彼此之间的承诺,不推崇高谈阔论,喋喋不休。而弱语境文化中的人彼此之间很少做出承诺,不喜欢含蓄的表达。在时间观念方面,强语境文化中的人时间观念具有高度的灵活性,不会十分苛求,但是,在弱语境文化中,人们的时间观念非常明确。

(2)高权力距离文化—低权力距离文化

权力距离是一个社会的成员对于社会等级结构的看法。社

第五章 跨文化传播产生的根源

会中有很多机构和组织,它们都是社会的基本单位。一个社会权力距离高低主要看父母和子女、教师和学生、上级和下级之间的关系。

高权力距离文化认为,不平等权力分布或是社会等级结构的存在是合理的,是可以接受的。因此,日常生活、工作和交际中处处体现着权力关系,权力关系对于人们的言行举止有重要的调节作用。例如,在家庭中,子女要孝敬、尊敬父母,父母要给子女无微不至的照顾。在学校中,学生要尊敬老师,对老师言听计从。在工作中,下级要对上级毕恭毕敬,上级也要给予下级关照。

低权力距离文化认为,不平等权力的分布或是社会等级结构的存在是不合理的,他们力求打破这种结构关系。不平等权力关系只允许存在于合理的情况下。因此,父母和子女之间往往是平等的、朋友式的关系。在学校中,学生可以与老师讨论,甚至争论。在工作中,上级必须按照公平合理的原则,行使自己的权力,不能滥用权力,下级也可以对上级的工作提出异议。

第六章 跨文化传播发展的动力

技术是推动人类文化不断向前发展、促进社会不断变迁的关键力量。在 21 世纪,以传播技术变革为基本推动力的经济全球化已经渗透至人类生活的各个方面,并影响着全球范围内信息流动的方向和数量,同时改变着人类的信息接收环境,塑造着人类的生活方式和观念体系,培育了新的社会交往和社会关系。本章将对跨文化传播的动力:技术、互动和认同进行详细探究。

第一节 社会互动与人际关系

社会互动是来自社会学的重要概念,指的是两个以上的个体、群体之间相互作用、相互影响的社会交往活动。针对社会互动的研究,帮助西方社会学家建立了许多重要理论,包括齐美尔的形式社会学、乔治·米德等的符号互动主义、欧文·戈夫曼的戏剧论、乔治·霍曼斯(George Homans)和彼得·布劳(Peter Blau)的社会交换理论,以及刘易斯·科塞(Lewis Coser)的社会冲突论等。其中,符号互动主义以心灵、自我和社会三者为阐述对象,揭示了符号是三者形成、变化及相互作用的工具的观点,强调了自我与他人的互动是社会的本质,人类互动则是以文化所定义的符号意义为中介的一种行动过程。

人际关系的差异是考察不同文化中的社会行为和生活方式的基础,吸引了不同时期不同领域的学术思考。梁漱溟提出了中国传统中与西方社会"个人中心"相对应的"伦理本位",影响深

第六章 跨文化传播发展的动力

远;费孝通提出的"差序格局",成为研究中国社会结构和人际关系的重要概念;中根千枝提出的"纵式社会",建构了有影响的日本人际关系模式。这些努力注重于探寻文化诸要素和本土行为的关系,并且不为西方概念困扰,是跨文化传播研究本土化尝试的重要借鉴。

一、社会互动、社会化与符号互动主义

社会并非一个实体,而是一种社会化的个体之间发生社会互动的过程。在这里,社会互动与社会化过程密切相关,社会化不是单向的个体被动接受信息的过程,而是一种动态的、复杂的互动过程,也正是凭借人与人之间的互动,才构成了现实的社会。

社会化是个体用来获得所属群体的规范、观念、信仰、态度以及语言特征的社会互动过程,它帮助自然人转变为社会人,并伴随人生命的始终。社会学中有个基本假设:人类的一切活动都受到社会的影响,在一个人的整个生活过程中,各种社会结构将冲击个体的生物"原材料"——塑造它,改造它,影响它,这即是社会化的过程。齐美尔还指出:"社会互动的结果导致了社会现象的出现,而对社会现象的大量见解,可以通过理解其得以产生和延续的基本互动过程来获得。"在他看来,社会的宏观结构和宏观过程——阶级、国家、家族与进化——也是人们之间具体互动的反映。他在《群体联系的网络》一文中强调,人类的个性是在个人与群体联系的特殊构造(configuration)中被呈现和塑造的,即人们是什么样的、如何看待自身以及准备怎样行动,是受其群体成员关系限制的,"个性的起源作为不同群体的遗产及其调适阶段的最终产品,是无数社会影响的集结点"。在对社会行动做出定义时,马克斯·韦伯也指出:"只要行动是社会性的(也就是说行为主体赋予其行动以主观意义),行动就会考虑到他人的行为,并进而以此为导向。"韦伯认为,隐藏在阶级、国家、制度、民族这样一些社会宏观结构背后的社会现实,是人们之间富于意义的和

象征性的互动。

社会化至少有两项任务需要个体来完成：第一，让个体知道社会或群体对自己有哪些期待；第二，使个体逐步具备实现这些期待的条件，并自觉地以社会或群体的规范和观念来指导和约束自己的行为。由此，可把社会化分为周期性的几个阶段：第一，基本社会化。在儿童时期通过家庭学习生活知识，培养语言能力和认知能力，掌握行为规范，建立感情联系，发展道德与价值判断的标准。第二，预期社会化。主要指在学校里进行的社会化，学习将要承担的社会角色，为进入社会做好各种准备。第三，发展社会化。主要指成年之后的社会化，是在实现了基本社会化的基础上进行的。随着环境和自身的变化，个体要接受新的期待和要求，承担新的义务、角色和责任。第四，再社会化。当个体的生活环境或担任的社会角色发生急剧变化时，个体的生活习惯、行为准则、价值观等需要做出重大调整，并开始新的学习。关于社会互动的作用，罗伯特·墨菲还指出："只有通过社会生活我们人类方能生存和永在。生存、生育、抚育孩子和相互保护的需要必然将我们结合在一个组织起来的社会集体之中。人类生活于有秩序的社会之外是可以设想的，如社会契约论哲学描述的那样，但从未发现人类能处于非社会状态中。即便是隐士生活，也需参照他企图逃离的社会方可理解。"

根据符号互动主义（Symbolic Interactionism）的观点，所有社会结构和意义都是由社会互动创造和维持的，意义来自与他人的社会互动，并通过个体的解释得以修正。在这个意义上的社会化，就是人们"发展思考能力和塑造人类行为"的过程，是创造和学习"符号"和"意义"的过程。

符号互动主义的思想，最早可追溯到亚当·斯密（Adam Smith）、大卫·休谟（David Hume）等人的观点：若欲建立人类的科学，则必须重视人类相互联系的基本事实，把注意力集中于人际沟通、同情、模仿及风俗上。1902年，查尔斯·库利在《人性和社会秩序》中阐述了"镜中自我"的概念，指出人的行为在很大程

第六章 跨文化传播发展的动力

度上取决于对自我的认识,这种认识来自与他人的社会互动,他人的评价、态度等是反映自我的"镜子",个体透过这面"镜子"认识和把握自我。20世纪30年代,在"镜中自我"的基础上,乔治·米德提出了符号互动的思想,深刻影响了芝加哥学派和衣阿华学派的形成与发展,并在两个学派的领军人物赫伯特·布鲁默(Herbert Blumer)和曼德福·库恩(Manford Kuhn)的努力下,逐步完善为符号互动主义的理论框架。

心灵、自我和社会之间的关系是乔治·米德符号互动思想的主题。1934年,米德出版的《心灵、自我与社会》以进化论思想为铺垫,论证了作为心理意识活动的人的心灵与自我完全是社会的产物,而语言符号为它们的出现提供了机制。米德的思考主要分为三个方面:第一,互动是心灵的本质,"心灵通过交流产生,而不是交流通过心灵产生"。第二,"主我"与"客我"的互动是自我的本质——"主我"(I)是自然的、主观的我,是自我中积极主动的一面,代表个人未受约束、指导和训练的倾向;"客我"(Me)是社会的、客观的我,是群体态度的体现、社会规范的化身。社会行动就是"主我"与"客我"相互作用的产物,即"在正在发生的相互作用中把某人自身与其他人联系起来的这一过程,把'主我'与'客我'的会话引入个体的行动,就此而论,这一过程构成自我"。第三,自我与他人的互动是社会的本质,"作为人类社会组织的基础的原则,是包括他人参与在内的交流原则。这一原则要求他人在自我中出现,他人参与自我,通过他人而达到自我意识。这种参与通过人类所能实现的交流而成为可能"。总之,在米德看来,社会不是一种客观实体,而是相互作用的框架,以心灵和自我的本性为前提。进一步说,由于自我只能在社会过程中产生,社会是自我得以产生的"泛化的背景",随着具有心灵与自我的生物个体的出现,初始意义上的社会也在发生变化,接受了人类社会特有的组织形式。

在米德的思考的基础上,布鲁默与库恩都肯定了人类运用符号的能力,以及发展思维、确定意义和自我反省的能力,只是在对人类个性的结构与稳定性程度的看法上,存有少许分歧。库恩认为,通过社会化过程,人类掌握了较为稳定的一套态度和意义,人类的个性是由此被建造起来的,并且较为稳定,因此,人类行为具有持续性和可预期性。布鲁默则认为,人们对社会客体的行为建立在社会客体对他们的意义上,这一意义来自社会互动,而意义是社会的产物,是在解释的过程中被获得和改变的;行动者能够给予目标以意义,并根据意义而行动,也能根据自己所处的情境对意义进行选择、检查、重组和改变,以指导未来的行动。在1969年出版的《符号互动主义》中,布鲁默对符号互动主义做了系统的阐述,认为符号互动主义的研究对象是社会现实——社会的存在是一种实在,这种实在的内容是由人不停地创造的。他认为,意义、目标和行为之间的复杂互动,是独特的人类活动,因为它所要求的行为反应,建立在对符号的解释之上,而不是建立在环境刺激之上。同时,社会生活是一种"流动和协商的过程",为了达到彼此理解的目的,人类通过运用各种"符号互动"而存在于世。

以符号互动主义的视域观之,在人类的社会生活中,每个人都在与他人进行社会互动,传承、增加和积累着关于如何进行社会交往和社会互动的知识,从而生成"使人成之为人"(make humans human)的由知识、经验、理解、意义、语言、信息所构成的知识系统。由此来说,社会互动也是形成和完善人们共有的"思想空间"(capacity for thought)的过程,人们通过互动创制、维持和改变着特定群体或文化的现实和意义。在互动过程中,每一方都是信息的发送者,也是信息的接收者,社会就是这样一个由人际互动构成的网络。

借助符号互动的视角,可以理解与社会互动相关的诸多命题,也有助于认知与描述社会的真实本质,有助于阐释自我、符号及人类沟通的重要性。1978年,乔姆·曼尼斯(Jerome Manis)等在《符号互动》一书中对符号互动主义的特征做了总结,第一条就是:"人类特有的行为和互动是由媒介符号及其意义所承载的。"其他特征则包括：个体的人性化是通过与其他人的互动完成的；所谓人的社会，是由互动的人们组成的；人类在塑造自己的行为方面具有能动性；人的意识和思维都与互动有关；人类在行动的过程中建构自己的行为；对人类行为的理解，离不开探究其"隐蔽的表现"（covert behavior）。进一步说，人类符号互动的能力和范围表征着人类传播的本质与特征，在符号互动主义的视角下，人类社会本身就是作为一个"传播共同体"而发展的。一方面，传播的需要来自原始的本能和基本的人性特点；另一方面，传播也是用人们之间的理性和道德秩序代替单纯心理的和本能的秩序的过程。

20世纪80年代以来，一些美国传播学者提出，要获得关于传播研究的全新视野，最为切实可行的源头，是芝加哥学派尤其是符号互动主义的思想，埃弗雷特·罗杰斯（Everett Rogers）在《传播学史》中追溯传播学的思想渊源时，还赋予了芝加哥学派以传播学"登陆点"（landing pot）的地位。黄旦等就此指出，传播的问题本质上应该是关于社会的问题，与人们创造并生活于其中的社会有关，与普通人的日常行为有关：相互交谈、传达知识、享受娱乐、展开讨论、获取信息。进一步讲，传播研究"不应该献身于政治和商业应用与控制，也不是无涉道德与价值问题的科学工具，它应该为增加人们学习、交流思想和经验的权力而贡献力量"。总之，符号互动主义为传播赋予的意义，应促使我们"重新追问传播和传播研究的本质所在，为修正混乱的社会现状、重塑共同的文化、重建真实协调的人类关系提供价值"。

二、人际关系理论与中西传统

人际关系是通过社会互动形成的人与人之间相互依存和相互联系的社会关系。作为普遍存在的社会现象，人际关系是每一个社会和文化中的成员赖以生存和发展的基础，也是社会和文化得以生存和发展的基础。如果把人际关系排除在外，任何"纯粹的"社会关系都无从谈起。

关于传播与人际关系,杜威有句名言:传播是所有人际关系的基础,传播生产社会财富,沟通人际关系,使集体生活成为一种可能。根据马丁·布伯(Martin Buber)的观点,人与人之间的协商、对话可以造就一种"相遇"的关系——参与交往者能真正地将对方视为独特的个体,能够以人性"相遇"的热情来拥抱关系,而不是以心理需求、利益关系等指标来测量关系。约翰·斯图尔特对布伯的这一思想做出了回应,以人际交往是"相遇"为主题,致力于阐明真正的人际关系的要义之所在。在他看来,人在社会上与他人有诸种关系的联结,包括三个层面:社会层面、文化层面和人际层面。这三个层面的人际关系均处在一个传播的连续体中,也就是说,人所进行的传播活动既可能是社会的、文化的,也可能是人际的,三者既相互关联又有所区别。

在传播研究的视域中,人际关系在社会、文化和其他影响的语境中形成,体现了人际的心理距离和社会距离。由于不同文化中的人们在社会化过程中习得了不同的社会规范和观念,不同文化中的人际关系也迥然有别。一些西方学者就把人际关系视为中国文化最有趣、最重要的方面,并特别强调:这一"关系"远不止于英文中简单的relations,"在更深和更微妙的层次上,'关系'指的是一种方法,即中国人长远地利用关系作为一种社会资源。'关系'意味着人们之间的一种特殊联系"。探究这些差异及其对传播的影响,对跨文化传播研究和实践必定有着特殊的意义。

第二节　文化认同、民族认同与国家认同

在跨文化传播学视阈下,不同文化群体、不同文化成员是借助认同在社会中存在,并根据认同与外界展开交往的。具体来说,认同对人们选择什么样的方式产生影响、指导人们实施什么样的行为、影响人们对他人行为的预测。可以说,认同是社会行为体

第六章 跨文化传播发展的动力

对规范的内在化。本节首先分析认同的定义和建构,进而探讨文化认同、民族认同与国家认同。

一、认同的定义与建构

英语中,"认同"的表达是 identity,其源于拉丁文 idem,具有两层含义:逻辑学意义上的同一性;在时间跨度中所体现出来的一贯性和连续性。在社会科学领域,认同概念的应用甚广,但其概念的争议也比较多,学者们至今没有形成一个统一界定。

弗洛伊德认为,认同是个人与他人、与群体或与被模仿的人在心理情感上趋同的过程。韦克斯认为,从基本意义上而言,认同给予社会成员一种归属感,这也使得个体的特征具有稳固的核心。概括来说,认同是基于社会互动,行为体对地位、角色、与他者关系等层面的动态建构与评估。

总而言之,认同的变化既是对外部社会环境变化的反映,也是人们之间相互关系不断变动的结果,同时,体现了社会对某一个体或群体的态度的变化。

根据个体与社会的关系,认同主要表现为两种:自我认同(self identity)和社会认同(social identity)。

(一)自我认同

自我认同也称"个人认同",是个体在不同的社会背景中认同的内在化,与个体在社会结构中的地位及扮演的角色紧密相连。作为自为或人格的核心,自我认同根植于一定的心理过程,如思维、行为和情感,也是意合与社会互动的多重过程,即个体不断调整自我以适应所属的社会群体和环境。简单说来,自我认同就是自我的建构,其实质就是回答一个问题:我是谁?(Who am I?)

我是谁?这是一个自有人类意识以来始终困扰着人类的问题。在社会生活中,每一个人都要面临与外部世界的关系问题,其核心就是"自我"与外部对象的关系。自我是认识外部世界的基础,只有意识到自己的存在,才能真正意识到外部世界的存在,才有自我和外部的分界以及两者之间的关系。否则,一切认识和实践活动都无从谈起。

自我是在人与人之间共同协商的互动过程中逐步展现和建构的。查尔斯·库利认为,他人的看法不可避免地会对社会成员对自己的评价产生影响,人们往往以他人的看法对自我进行定义。可见,自我认同或自我的构建必然会受到文化环境、个人所处的地位等因素的影响和制约,并彰显不同文化的差异性。

关于中国传统社会中自我的建构,爱德华·斯图尔特认为,中国人的自我概念深深地根植于社会等级结构之中,人们往往围绕着包括祖先和后代在内的直系家族来建构自我。杜维明也指出,中国儒家文化主张的自我,是在一个不断扩展的人类关系的圆周中的自我。爱德华·斯图尔特进而指出,美国人对于自我的认识与中国人截然相反:自我是社会关系中的一个独立个体,也是一个能够控制环境的理性人。美国人在自我与他者之间存在着较为鲜明的二分法:自我的界限之外便是他者,他者的行为带有他们自己主观的属性。

(二)社会认同

社会认同与群体有着密切关系,即某一个群体在文化适应过程中形成的一种认同,其凸显群体中成员的相似性以及群体中成员相信他们的共性与现实性,是个体对所归属的群体的信念与认知。可见,社会认同与自我认同密切相关,社会认同是无数个体的"社会自我"的一种"组织化",或者说社会认同是"我们"对关于"我们"是什么人,以及"他们"是什么人的理解。社会认同包含两个层面:一类是内在认同,另一类是外在认同。前者主要指群体认同,即群体内成员在主观上形成的群体归属感;后者指社会分类,即社会对社会成员的划分与归类。

1982年,社会学家约翰·特纳(John Turner)等提出了一

第六章 跨文化传播发展的动力

个关于群体影响的模式——社会认同模式（Social Identification Model）。根据这一模式，群体成员的角色认同主要是一种认知的过程，这个过程通常是人们在回答"我们是谁？"的问题时发生的。1985年，特纳将社会认同的过程划分为三个阶段：第一，对自我和他人的群体归属做出分类，也就是将认知对象划分到不同的群体之中；第二，了解这些群体的具有代表性的、典型的特征和行为；第三，将个体所属群体的典型特征和行为赋予个体自身。[①]

产生社会认同是社会成员都能做到的事，同时，它也是可视的、可感知的外表和线索，是揭示人们的角色、身份的符号和象征。这就涉及社会认同的重要功能之一：社会分类。社会认同既是社会分类的产物，也是社会分类的基础。通过社会分类，人们可以将认知对象划分成为两种类型：与本群体相似的人和与本群体相异的人。然后给他们贴上标签，当不同的认知对象被贴上内群体或外群体的社会标签后，社会分类也就完成了。

总体而言，自我认同是在社会认同条件下的认同，离开了社会认同的自我认同是不存在的；社会认同就存在于某一群具有自我认同的个体当中，社会认同并不排斥自我认同的存在。

二、文化认同

文化认同（cultural identity）主要源于不同文化群体对本土文化与其他文化的判断与评估。文化认同是由多重维度构成的。简单来说，其主要来自文化成员保护自我的文化特性的情感与生活方式，并随着社会不断发展，变得更为复杂。在人类社会早期，个人或群体文化认同的主要单位是部落、家庭、族群等。随着社会的不断发展，一些超越血缘纽带的地域、城镇、社会团体、阶层等诞生，这些都可以被视为文化认同的载体。在不断发展的过程中，文化认同也更加丰富，即帮助文化成员对自身的认同加以确

[①] Vincent Price. Social Identification and Public Opinion[J]. *Public Opinion Quarterly*, 1989, (53): 200.

立,对文化成员的态度进行规范,并对人们的行为构成潜在的约束。

　　文化认同受文化差异、文化流变等的影响和制约。在日常生活中,根据情境、场景等的不同,人们往往会自主地在多种认同中进行转移。通常情况下,对一个较小的认同单位的选择,并不会对人们选择较大单位产生影响,最终这些较大认同可以形成常见的多重文化认同。虽然多重文化认同很少形成真正的对立,但是不可避免地会形成一些摩擦和冲突。另外,在多重文化认同中,有些认同属于核心认同,有些认同属于外围认同,而其中的有助于形成人们的行为模式、判断标准的文化系统,往往有助于界定人们的文化属性。一般情况下,外围认同容易发生改变,核心认同往往比较持久、稳固,会与不同的历史、族群等相联系,既会在人们的日常话语中出现,也会在社会规范、社会实践中呈现。更为重要的是,要想将相同的核心认同进行分享,就意味着要运用相同的文化符号,对共同的文化理念加以遵循,维护相同的行为规范与思维模式,这就是文化认同的主要作用。

　　根据历史经验,随着社会的不断变迁,以及异质文化融入本土文化,就必然会凸显文化认同,尤其是随着全球化与现代化转型,各民族文化变得更为复杂,不同文化都被深层的文化意义符号覆盖着,文化边界更为模糊,个体的认知、价值、行为系统必然会不断变得紊乱,这就不可避免地导致文化认同危机,或是多重文化认同的现象。尤其是中心与边缘之间、西方与非西方之间的一系列矛盾愈加错综纠结,使文化认同问题更为迫切,也异常复杂起来。

　　有学者指出,随着跨文化挑战激烈程度的加剧,重新创造一个超越人们原有文化界限的认同的可能性也会增大。有人将这种认同称为跨文化品格或第三空间,它不同于人们归属的或被指定的文化认同,而是一种被重新创造、整合和采纳的认同,融入了不同文化的观念、思维和行为。但建立新的文化认同远非顺利或容易,随时会面临被颠覆的情形。经验表明,一旦维持或建立一种新的文化认同所带来的疏远和不适会导致压力过度,人们很可能会迅速恢复原有的文化认同。

三、民族认同

民族认同(national identity)是一个争议颇多的概念。民族认同是民族成员对自身的民族身份以及与其他民族成员关系的建构、评价和判断,反映了特定民族通过与其他民族的互动而日益丰富和成熟的自身规定性,呈现了不同民族群体的界限所在。事实上,民族作为一个群体的形成过程本身,就是民族认同的表达,标明的是一种基于同一语言、规范、观念、认知等文化及政治要素基础上的"群体认同"。

在不同形式的群体认同中,民族认同最具根本性和包容性,也具有很强的生命力和稳定性。与族群认同相比,民族认同使作为个体的社会成员得到认同的可能性增大,也为社会变迁背景下的自我调适准备了场景,能够更好地克服社会孤立状态。

基于跨文化传播学视角,民族认同反映了民族成员拥有的共同精神家园和情感归属,不仅仅有一种抵抗外来文化挤压的心理功能,更能为民族的发展方向和生活方式提供正当性依据。这就涉及了民族认同的文化根源。民族认同往往是以文化单元为载体的,强调的是民族成员对本民族文化的忠诚和继承,进而决定了民族在特定历史情境中的选择。民族文化还往往锁定在一些特定历史事件和历史人物身上,这些历史事件和人物被提炼为文化符号,既发挥认同的对象——物的功能,又诠释出一个民族的品格,并为现代社会秩序提供了重要的社会文化框架。此外,民族国家中各个族群共有的文化认同,也往往是国家统一和稳定的基础。

民族认同的文化根源与民族认同的政治根源密切相关。民族群体中包含的社会关系通常可以分为两类:一类是从共同的语言、规范和观念体系中产生的社会关系;另一类是基于"政治需要、共同利益、道德义务"而形成的社会关系。前者是一种原始的社会关系;后者则是一种超越族群意义的政治认同的构建,主要服务于国家话语体系中的政治生活,也正是在这个意义上,民族认同得以取代族群认同,成为民族国家主要的认同范畴。民族认同是国家统一、独立的表现,建立一致的民族认同最终是通过国家完成的。在这个意义上,与现代民族国家一同产生的民族认同,不可避免地与国家认同的含义大致重叠。

人类社会的确存在民族认同与国家认同之间的矛盾冲突,但两者之间的对抗和冲突都不能改变民族认同与国家认同并存的事实。对这一基本事实的理解可以帮助人们推进民族认同与国家认同的良性互动,使其逐步走向和谐共存。

四、国家认同

国家认同内涵非常复杂,主要体现了对自己所属政治共同体归属的辨识、确认和选择,以及对国家的政治、社会、文化、族群等要素的期待、评价。国家认同还是一个国家相对于国际社会的角色定位,并作为现代国家的合法性基础,为维系自身的统一性、独特性和连续性提供着基本保障。国家认同、文化认同和民族认同共存于个体的观念和意识中,均为个人多重认同的重要组成部分,但国家认同是基于文化认同和民族认同的一种升华,包含着更为鲜明的价值判断,具有持久性和根本性。

国家认同有着国内与国际双重维度。就国内维度而言,国家认同是国民归属感及为国奉献的心理和行为,是国家凝聚力、向心力的重要表现,也是国家治理合法性的重要来源。就国际维度来看,国家认同是国家对自身特性以及在国际体系中的地位和角色的认知,在一定程度上,是一个国家与世界关系的集中写照。

现在,全球化作为重建世界经济体系、政治格局以及文化形态的重要力量,已成为影响国家认同的重要变量——全球化超越了传统民族国家的权力框架,对国家主权造成了冲击,亦造成了程度不同的认同危机。约翰·汤林森(John Tomlinson)指出,全球化进程必将削弱所有民族国家的向心力,即便是帝国主义时代的权势中心国家亦不能幸免于此。[①] 必须清楚的是,在一些现代国家形成的历史过程中,民族建构大多是妥协的结果,内部的诸多差异并没有被消灭而是被保存下来。现代化进程凸显了这些差异,如果无法整合这些差异,将无法使各自的公民确立起对国家相对稳固的认同。

根据不同国家的经验,国家认同的建构依赖于对文化领域的实践进行制度化干预,帮助不同民族成员在公共权力、仪式符号、节日庆典的日常参与或体验中,超越各种相对狭隘的族群认同形式,从而建立起对国家政治权威、公共制度乃至历史文化共同体的认同。

第三节 文化适应与传播能力

跨文化传播研究的大量议题是围绕着有效传播的核心诉求展开的。所谓有效传播,就是来自不同文化的传播双方的意义得到相对完整沟通的传播。由于传播中的"误读"不可避免,可以将有效传播理解为一种"误读最小化"。在社会交往中,人们需要通过传播能力来监测并回应外部世界,实现自我的目标。人们只有采取那些符合传播能力要求的恰当行为,遵守传播各方共同的意愿,才会实现有效传播的目标。传播能力的话题和传播本身一样经久不衰。尤其是进入跨文化交往中,传播能力是最具建设性的要素,传播的所有目的的实现都离不开传播能力的完善与提高。在全球化不断深入的场景下,人们生活的流动性以及不断广泛深入的跨文化交往,都要求人们掌握适应多元文化社会和全球生活的传播技能,提高与不同文化中的人们交往和共处的能力,

---

① [英]约翰·汤林森著,冯建三译.文化帝国主义[M].上海:上海人民出版社,1999: 328-331.

这不仅有益于处理不同文化的天然差异和必然互动,也是消减不同层次文化冲突的决定性因素。

一、文化适应

文化适应是不同文化相互作用过程中的一种动态调整过程,涉及学习某种文化的整体行为,能够帮助个体乃至文化群体从特定文化中获取能力以及重新定位,从而在变动的环境中获得生存的能力和空间。

关于文化适应的模式,奥伯格在1960年提出的"U形模式"(U-curve Model),是理解文化适应的一种较为通用的模式,基本观点是:当一个人在其他文化中旅居时,必然会经历一段困难和起伏时期才能获得舒适感和平常感。文化适应因此而大致表现出四个基本阶段:蜜月期(honeymoon)、危机期(crisis)、恢复期(recovery)和适应期(adjustment)。

其中,蜜月期也可以称为"欢快阶段"(euphoria stage),指的是在旅途开始时常见的兴奋和愉悦。最初人们可能还会有一些忧虑,但新鲜感和兴奋感大大超过忧虑情绪。在这一阶段,个体会以一种好奇的眼光和乐观心态来看待异文化。危机期指的是,随着与异文化接触的程度加深,个体对文化差异的体验愈加深刻,会对异文化产生某种程度的敌意以及情感上的定势态度,还会加强与其他旅居者之间的联系。恢复期是指人们对周围的一切有了新的认识,能够发现周围环境的一些积极方面。在此期间,一些早期的文化适应问题得以解决,语言知识不断增加,在新环境中生存的能力也得到了提高。虽然一些问题有待于继续努力,但未实现的期望已大大减少,人们能够改变自己的期望去适应新的环境。适应期也可以称为"同化阶段"(assimilation stage),指的是人们已经逐渐适应了新环境中的生活,相应的调整基本完成,原有的焦虑感不复存在,开始在新环境中塑造和发展新的自我。在这个阶段,虽然人们在情感上仍会有所变动,但最终还是

第六章 跨文化传播发展的动力

能够正常生活,就像在本文化中一样。

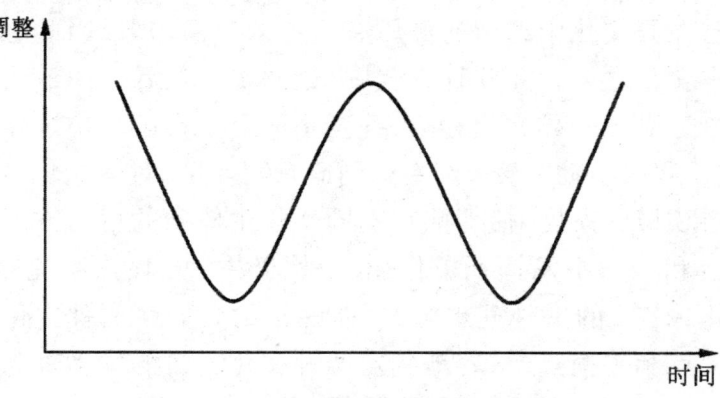

图 6-1 文化适应的"W 形模式"

(资料来源:孙英春,2008)

1963 年,约翰·古拉霍恩(John Gullahorn)等提出了描述文化适应过程的"W 形模式"(W-curve Model)。这一模式在"U 形模式"的基础上,添加了人们在重新回到本文化环境时,个体必然会经历的返回本文化休克阶段(reentry cultural shock stage)和再度社会化阶段(resocialization stage)。这里要说明的是,"W 形模式"与"U 形模式"一样,都有许多值得商榷之处。毕竟,社会生活是复杂的,个体的情况也大有不同:并不是每个人在进入异文化时都会有兴奋感,在很多情形下,人们是因为政治、经济或社会压力而被迫进入异文化之中的,如政治避难者;同样,也并不是每一个人在返回故乡时都会面临文化休克和再度社会化的难题;此外,有些人并不会经历所有这些阶段,有些人则可能会反复经历多次。

在上述模式和相关研究的启发下,1986 年,心理学家阿德勒(Nancy Adler)概括了经历"返回本文化休克"的三种状态——疏远、重新进入、积极主动,帮助人们在回归本文化的问题上采取适当的态度。其中,"疏远"指的是人们吸收了异文化中的价值观和生活方式而对本文化采取排斥态度。这些人往往把自己同他人隔离开,或是仅同那些与自己有类似经历的人在一起。他们对于本国文化中的人,尤其是那些没有在国外居住过的人,主要采取一种防范和审视的态度。选择"重新进入"方式的人们通常对自己在异文化中逗留的经历有一定的负面印象,因此急切地想回到本文化之中。在此种方式中,返回本文化者会用最快的速度摆脱自己受到的异文化影响,甚至全面否定自己从中可能得到的益处。"积极主动"意味着主动创造有利环境,对本文化和异文化都保持积极的态度,使那些在不同文化中体验的行为方式在自己的生活和工作中发挥积极作用。"积极主动"显然是克服"返回本文化休克"的一种理想方式,能够帮助人们在两种文化之间找到交叉点和平衡点,从容地判定两种文化各自的优劣。为了达到这种状态,阿德勒有两个建议:第一,在海外期间必须注重交流联系,既包括主动寻找和异文化成员沟通的机会,也包括保持同国内的联系。这些联系越开放越好,既有助于缩短个体的文化适应过程,也能够让个体注意到国外和国内发生的变化。第二,要对发生在国外和国内的变化及其价值予以承认和确定。

二、传播能力

传播能力(communicative competence)是一种通过传播实现人的基本要求,满足其目标及期望的能力。传播能力产生于人实现自我的需求,是传播使其直接展示出来。多数情况下,跨文化传播能力与传播能力有很多相似之处,两者大致可以互换,区别主要在于:前者受到更为具体和复杂的传播语境的限制。

跨文化传播能力(intercultural communication competence)的概念出现在20世纪50年代,来自美国学者针对海外技术人员和"和平队"志愿者的研究。此后,这一概念一直与旅居者调整、移民涵化、群体传播、文化休克、跨文化培训、社会变迁、国际管理、留学生咨询等研究有着密切的关联。

作为多元文化社会中人们应具备的一种基本能力,跨文化传播能力不是自然而然存在的,而是经过后天努力培养而成的,涉及认知、情感、行为、语用等诸多方面,展现了个体在不同的传播

第六章 跨文化传播发展的动力

环境下恰当、有效而有创意地运用认知、情感、行为、语用等资源的资质与能力。由于研究者的理论取向与具体样本的不同,跨文化传播能力常常表述为跨文化调整(cross-cultural adjustment)、跨文化理解(cross-cultural understanding)、跨文化适应(cross-cultural adaptation)、跨文化效果(cross-cultural effectiveness)等。

概括来看,关于跨文化传播能力的各项研究,均吸收了各种关于传播能力的研究策略,大致可以分为三个部分:研究跨文化传播能力形成的原因;研究跨文化传播能力的主要构成;研究培养跨文化传播能力的各种技巧。与传播能力相较,跨文化传播能力主要有如下几方面的基本构成:

第一,对不同文化的修辞敏感性(rhetorical sensitivity)。通常,修辞指的是一种自觉的语言调整行为,即为了增强语言的表达效果而对语言材料进行修饰、加工。在跨文化交往中,由于语境因素严重地制约着语言行为的组织和建构,因此,修辞敏感性强调的是修辞与语境之间的关联,要求人们对于不同文化的边界保持敏感,能区分什么是自己的文化,什么是不同的文化,并能自我调整,以适应不同的文化。进一步讲,要求传播者能够使用适当的语言和非语言行为,向对方表示尊重和积极的关注,做到顺应语境、利用语境甚至改造语境。此外,在社会交往中,修辞敏感性强的人往往能就对方对自己行为的反应做出准确的预测,这种预测是以个人掌握的文化知识和洞察力为基础的。

第二,采取描述性、非评价性立场的能力。这即是说,传播者应以描述别人的行为为主,同时采取非评价性的立场,特别是在早期交往中,不应以自己的文化标准为依据去看待他人的行为,以避免错误的评价。显然,这是一种认知能力,体现了传播者的心智和素质,涉及人际交往中三个相互关联、依次递进的认知程序:描述、解释和评价。

其中,描述是指对人们观察到的行为进行客观的描述,不允许对客观行为进行评价或赋予意义;解释是对观察到的行为进行加工和赋予意义;评价是对解释赋予积极或消极意义。需要注意的是,人们在交往中往往不能很好地区别这三种性质不同的认知程序,常常不自觉、无意识地超越描述或解释阶段,直接进入解释或评价阶段,这就容易以自己的文化为标准去判断不同的行为,从而不自觉地产生民族/群体中心主义倾向,进而造成传播失误或文化冲突。

第三,适度的移情能力(empathy competence)。在跨文化交往中,移情作为一种文化能力,涉及信息获取的技能与方法,以及处理不同的人际关系、扮演不同的社会角色、承担不同的社会身份、面对不同的场合的能力。要做到移情,就需要传播者克服从自身文化角度去解读他人行为的倾向,自觉地建立跨越不同文化的情感机制,对他人的思想和动机做出正确的反馈或反应。学界普遍认为,适度的移情是在跨文化传播中发展和保持积极关系的重要条件。这里的适度,意味着移情的限度,不是完全接受或同情对方,也不是完全放弃本文化的立场,而是在主动的对话和平等的欣赏中感知和解释另一文化。

第四,灵活应付不同场景的角色行为(role behaviors)能力。这种能力可以分成以下几种:任务角色能力,指主动寻求信息和事实、完成任务以及评价他人意见的能力等;关系角色能力,指与对方达到和谐一致,协调冲突和妥协让步的能力等;个人角色能力,指能拒绝别人的观点、能控制他人以及展示自己个性的能力等。角色行为能力还意味着传播者应当具备以符合社会期望的方式做事或说话的能力。角色行为能力也是一种策略能力,即在传播过程中,因语言或语用能力有缺陷、达不到传播目的或造成传播失误时的补救能力。

第五,有助于拓展心灵的开放性与减少偏见的认同灵活性与认同协商能力。跨文化实践中常见的情形是当人们感到外来群体的文化认同威胁到自己所在群体的文化认同时,自我认同取向就会趋于封闭并采取防卫姿态。这样一来,人们期望在众多的文化认同中凸显自己文化认同的愿望,就导致了偏爱内群体的倾向,其结果就是对外群体成员的歧视,以及阻碍对新文化的开放性接受。针对这种现象,具备开放、灵活的认同能力,显然有助于拓展心灵的开放性与减少偏见。

第四节 技术、文化与跨文化传播

技术反映了人类认识和改造世界的全部成果,也是观察历史走向的一种途径。从历史发展角度来看,人类跨文化传播活动提供的跨越时空、国界和文化差异的冲动,始终受到技术的限制和影响,跨文化传播的客观需要,也在不断推动技术的更新与发展。

传播技术组织着全球化运动,也控制着所有"文化想象"的意义和方向。当前,新媒体传播成为传播技术的主要标志和不同文化交流信息、知识、情感的共同语境,把人与人的关系和人与自然的关系反映、建立在数字的生产、储存和流动上,传播全球化成为现实,文化和民族国家的传统界限被模糊和跨越,跨文化传播在媒介选择、行为主体、传播模式以及影响力等方面都经历着空前变动。这就使文化与传播研究的各个领域都要面对重大的"范式转换",以便重新诠释技术的文化本质与社会影响、新媒体传播与虚拟社会、"数字鸿沟"与新媒体伦理等议题,重新勾勒技术影响下跨文化传播研究的知识框架。

一、技术的社会影响与文化本质

文化是技术的源泉,也是技术活动的过程及结果;技术参与到自然、现实和对世界的构造中,并不断更新着人与社会的关系。特别是近代以来,技术发展一直为不同文化的交往扫除"物理障碍",使全球社会日益处于技术同步的影响之下,技术把握的理性逻辑和物质秩序也在持续影响各个社会的运行和变迁,改变着人类文化的传播环境以及不同文化之间的依存程度。

人类文化的发生、发展与变迁都与技术不可分离,甚至可以说,每一种文明都是以某种占主导地位的技术为开端的。自早期历史开始,人类一直致力于改进对周围信息的接受能力,同时,也在设法提高自身传播信息的能力、速度和便利程度,这就使技术特别是传播技术成为文化模式的决定性因素。

技术改变世界结构的方式,一直在赋予人们对日常生活的感知和价值判断。变革和引入技术,不可避免地会导致关于文化的观念、认知系统发生变化,带来生活习惯、身体机能甚至整个社会组织形态的改变。

现代意义上的技术进入人类历史,以18世纪末开始的工业革命为起点。技术成为现代西方文明的主导力量,以及控制自然和人类社会的工具,并推动了全球化和全球社会的形成。至20世纪中叶,现代传播技术已使全球社会的不同区域发生了巨变,人们从乡村移居城市,大众社会的崛起使传统的文化体系和社会秩序被打破。在这一历史时期,机械印刷机催生了廉价报纸,拉开了现代大众传媒业的序幕,电报突破了传播活动的时空限制,推动了现代报业和传媒的职业化,无线电技术使一对多的广播成为可能,摄影和电影技术迎合并且刺激了大众的娱乐消费需要,其结果就是:大众文化(mass culture)成为现代社会的主要文化形态,全球传播的容量不断增加,速度不断提高。

关于技术对人类文化的影响,汤因比的解释是:"如果人们放弃自己的传统技术而用外来技术取代的话,那么,技术方面的变化将不会仅仅局限于生活表面,它会逐渐达到更深的程度,甚至使全部传统文化的地基都被动摇。因此,所有的外来文化都会通过外来技术进入到这一媒介,并借助于已经松动了的传统文化的土壤,一点一滴地渗透进来。"

现代传播技术及大众传媒业的兴起,确立了信息传播活动在社会生活中的中心地位。一方面是人类复制、保存和传输信息的能力空前增强;另一方面,各种文化都有机会脱离原有的狭小生存环境,都有可能积极地与其他文化交汇、融合,进而加速全球社会中文化多元化的进程。传播媒介的发展,也在推动不同学术领

第六章　跨文化传播发展的动力

域思考传播媒介对个人和社会的影响、信息传播技术的应用、工作与娱乐的性质、时空的概念，以及文字、阅读、谈话等日常生活方式的变迁等议题。总之，传播技术的发展正在影响人类的集体命运，回答好这些问题，对于把握文化传播实践、理解全球社会与文化变迁的意义至关重要。

还要注意的一个趋向是，为维持公共的、共同的社会生活，传播媒介在形成社会现实、维持常态方面的作用日益显著，通过各种媒介技术实现的当代文化形态，更成为对社会形象、社会记忆的控制。

跨文化传播研究不能忽略文化交往与变迁过程中媒介的角色与功能，同时也要留意保罗·康纳顿(Paul Connerton)的提示：能否控制一个社会的记忆，在很大程度上决定了权力等级，当今的信息技术借助信息处理机器来组织集体记忆，不仅仅是技术问题，也直接影响到合法性，是控制和拥有信息的问题，亦是至关重要的政治问题。

二、跨文化传播的技术空间

技术反映了人类认识和改造世界的全部成果，也是观察历史走向的一种途径。就人类的发展历史而言，人类跨文化传播活动中提供的跨国界、跨时空的冲动，必然会受到技术的影响和制约，跨文化传播的客观需要也在不断推动技术的更新与发展。以下就对跨文化传播的技术空间进行说明。

(一)跨国卫星电视的文化影响

传播技术的发展使传播全球化成为事实。从20世纪80年代至今，由于跨国传媒集团不断扩张，传播产业趋向于商业化与私有化，新的全球传播格局与秩序正在通过传媒产业的扩张在世界范围内形成。通过媒介组织与权力体制的政治经济与意识形态的运作，西方媒介更为深刻地融入不同文化和国家的社会活动之中,也对人们的日常生活有着隐蔽的影响。

作为跨越国界、以其他国家的观众为主要对象的跨国传媒,卫星电视对世界各国的经济、文化、社会生活乃至国际关系产生了深远影响,也极大地拓展着跨文化传播的深度和广度。跨国卫星电视是跨越国界以其他国家观众为主要对象的卫星电视传媒。

从20世纪90年代后期开始,以西方国家为主力,世界各国纷纷采用数字技术通过卫星来将电视节目传播出去,卫星电视从此作为一种新的传播技术而兴起。卫星电波具有强大的穿透力,加上跨国卫星电视具有丰富的内容和多样的形式,不仅使跨文化传播更及时,也拓展了跨文化传播的广度和深度,并引起不同领域研究者的持续关注。就全球范围来看,卫星电视经历了四个发展阶段:第一,世界各国为解决国内远距离视听难的问题,通过卫星传递信号,使偏远地区能收看电视节目。第二,通过卫星的现场直播,使世界范围的观众能够同时看到全球各地发生的事件,从而实现了跨国卫星直播。1980年,美国亚特兰大特纳广播公司创立的有线电视新闻网(CNN)通过卫星向邻近国家的电缆电视系统播送新闻,标志着跨国卫星电视的正式诞生。第三,跨国卫星频道诞生。如1991年,英国BBC广播电视公司开始了面向世界的跨国卫星电视的播放;1991年,中国香港卫视台利用"亚洲一号"卫星开始了亚洲范围的卫星电视播放。第四,采用数字技术的跨国多频道卫星电视迅速发展。数字压缩技术在电视传输技术方面的运用,使卫星电视同时播放上百套节目成为可能,播放内容更加呈现出跨越国界的特点。

根据近年统计,世界上开办跨国卫星电视的国家和地区在20个以上,其中,绝大多数为西方国家,各类跨国卫星电视台超过50个,跨国卫星电视覆盖的人口早已超过世界总人口的三分之二,卫星电视的"越境"成为日益严重的国际问题。但西方发达国家一直强调"信息自由流动"的原则,认为各国都不应设置障碍、限制信息的自由流动。发展中国家则强调主权原则,认为跨越国界的电视广播应该征得对象国的同意,并且要有一定的约

第六章　跨文化传播发展的动力

束和规范。尽管各国政府在原则上都已同意为限制卫星的接收范围而制定一项新的国际规章,但由于各国之间存在利益纷争,在一些具体条款上难以达成一致。

为了预防对电视直播卫星电波的人为干扰,各国都赞成根据国际电信协议(IECA)的有关条款管理电波分配,即每个国家都可以尽其最大努力运用所有技术手段防止电波溢出。但是,到目前为止还没有一种技术屏障能阻挡或控制到处渗透的各种"电波"和信息流动。许多国家的传播学者十分担忧,认为高度发展的传播技术就像一把"双刃剑",在促进本国民族统一的同时,也为另一个民族的文化快速进入本国创造了条件。

(二)网络传播与虚拟社会

迄今为止,网络媒体是最具发展潜力的新媒体,也是传统媒体的集大成者。网络媒体不仅有传统媒体的文字、图片,也有广播、电视媒体的声音,还有这些传统媒体所不具备的交互性和虚拟性。进入 21 世纪,作为人类创造的全球信息中介系统,网络传播在全球迅速发展,不仅产生了巨大的影响力,而且对跨文化传播的形式和内容发起了巨大挑战。

在现代社会,网络传播构成了人们生活的重要主体。网络传播为言论自由提供了一种制度性的技术可能,建构了一种交互式、开放式的交往空间,不同的群体文化都得到了表达自我、交往互动的权利,进而推动着人类生存方式的改革与文化的变迁,使知识和观念的全球化辐射与融合成为现实。尤其是在网络传播构建的虚拟社区中,任何一个人都可以与其他国家、任何地区的人们进行交往,网络交往因此具有了普遍性与全球性,为不同国家、不同地域的人们之间的交往与知识共享提供了广阔前景,也为人们的思维与行为增添了新的形式与活力。

人类跨文化传播活动提供的跨越时空、国界和文化差异的冲动,持续推动着传播技术的突破与发展,重建着社会组织形式和文化样态,更使新媒体传播构成了人类社会生活的主题。形形色色的新媒体构建了实现个人表达自由和言论自由的各种"社会平台",也构建了文化间对话与交融的"公共领域",推动着人类生存方式的革命与文化的变迁,使知识和观念的全球性辐射与融合成为现实。

新媒体传播进一步的全球蔓延,无疑将创造出信息传播、娱乐和社会交往的更多新形式,孕育更多形态的社会性扩散表达渠道,导致公共与私人生活的变化,并推动文化和社会的变迁。

关于新媒体的定义有很多。综合来看,是指运用数字及网络技术,通过互联网、宽带局域网、无线通信网、卫星等通道,特别是电脑、手机、数字电视等终端,向用户提供信息和娱乐服务的媒介形态,包括卫星电视、交互式电视、推特、微博等。"所有人对所有人的传播""所有人对所有人"是新媒体的显著特点。在新媒体构造的传播系统中,所有人都可以成为信息的编制者、传播者和接收者,社会、文化和媒体实践以及自我表达的形式也因此发生剧烈变动,正在经历被改写、创造和再媒介化的过程。特别是新媒体传播具有重要的"赋权"特征,即将大众传播权力赋予公众,同时,将传播技术的使用权转移给公众,使公众的话语权得到空前提升,也为个体的社会化提供了更大的全球性的场所。

进入21世纪以来,新媒体技术扩散到全球信息系统中,为不同文化中的公众提供了一种全新的交往平台——"虚拟共同体",并通过不同"虚拟共同体"的拓展和彼此接入建构了虚拟社会——由虚拟实体及其在网络空间中的组合与互动所构成的社会。虚拟社会拓展了现实的社会交往领域,彻底改变了传统人际互动的方式与空间——人们在虚拟空间中存在,网络交往建构了人们赖以生存的新的社会关系和活动场域。贾英健还指出,新媒体的出现和发展,使"主体生存与时空的统一遭到更大的破坏",消解了主体的具体时空特性,使社会和主体的存在"虚空"化、抽象化,使人自由地跨越民族国家的局限,跨越对时空和各种既存社会规范的限制,按照自己的需要和意愿自由地交往。其结果就是:"现实社会中存在的控制主体的各种活动机制的功能在网络

第六章　跨文化传播发展的动力

空间中出现弱化,主体敢于抛开现实社会中形成的各种面具,不再需要掩饰自己,而以一种本能性的存在方式展开活动,展示一个真实的自我。"这里重要的是,借由新媒体的推动,传统媒介中大众被动、消极的"沉默"身份得以改变,公共空间和私人空间的界限不断模糊,任何一个体均有可能与身处其他国家、地区网络中的任何一个体联系交往,网络交往因此而具有了全球性和普遍性,为不同国别、民族、地域的文化交往以及全球知识、文化的共享开辟了前景,也为人类的行为、思维乃至社会结构注入了新的内容和新的形式。这正如安德鲁·芬伯格（Andrew Feenberg）的判断:"网络行为的扩展已经完全改变了我们的计算机概念,并且以各种难以预料的方式正在改变社会交往的世界。"

作为一个基于计算机技术、互联网技术、虚拟实在技术而建构的网络化、虚拟化的多维信息空间,虚拟社会是新型的人与人、人与群体、群体与群体之间交流、交换和共享信息的"公共领域"。这里没有现实世界中的组织、结构、等级、科层、官僚机构与官僚,以及权威与权力,以至呈现出这样一种特征:"去权威性"。也就是说,传统意义上的权威不再存在,所有参与者均在平等交流中获得自身存在的根据,借助参与者互动形成的关系网络则提供了社会化、相互支持、信息交流及社会认同等功能,既呈现了诸多与现实社会不同的特征,也对现实社会的社会关系与交往产生了根本性影响,甚至改变和重塑着现实的社会结构,使其经历着一场解构与重构的革命,在交往互动、价值观念、生活方式等方面都逐渐呈现出不同于传统的新特征。

（三）"数字鸿沟"

不同文化或社会相遇时,总是在技术上先进的一方会对另一方产生更大影响。技术在塑造人类社会文化的同时,始终是人类社会文化的重要内容。信息技术不仅是衡量社会贫富的工具,也是决定社会变化能力的主要因素。人类掌握信息技术的实力的差异,总会不可避免地导致不同群体、民族和文化的机遇差别。

对于处于世界体系边缘的文化来说,倘若无从适应这种变迁,就很难避免被淘汰的命运。

技术进步是工具理性意义上的进步,但技术也是一种高附加值的生产力,与特定的政治权力结构相配合,使技术权力成为复制现存不平等关系的强大工具。在这里,"数字鸿沟"指的是由于地域、教育、经济和种族差异,不同群体在掌握和运用电脑、网络等数字化技术及分享信息资源方面的差异,实质就是一种因信息落差引起的知识分隔和贫富分化。随着社会和技术条件的变迁,"数字鸿沟"的内涵愈加丰富:从网络技术方面来讲,"数字鸿沟"是地域、教育水平和种族不同的群体在接入和使用网络技术上存在的差距;从经济方面来讲,是由于经济水平的差异而导致的对信息接触和应用的差距;从知识方面来讲,是不同群体在获取和利用知识的能力上存在的差距;从社会制度方面来讲,是传统社会分化现象在新时代的延续,即信息分化现象。

近年来,"数字鸿沟"已逐渐超越技术范畴,渗透到社会、经济、文化、外交等各个领域,成为冷战后的新"隔离"现象,不论是从人类和平的立场,还是从利益共存的角度来讲,这种"隔离"都是难以被接受的现实和大趋势。马克·利维(Mark Levy)指出,传播与技术日益冷酷无情地把世界隔离成两座营垒,"一座营垒由那些受到良好教育而且极具经济实力的信息贵族把持踞守,他们是计算机系统的经管者,控制着传播工具与条件;另一座营垒则属于传播圈的'下层阶级',这里的成员文化水平有限,他们在巨大的传播机器的摆布下过着物质与精神双重贫困的生活"。

"数字鸿沟"体现在跨文化传播领域的一个鲜明征象,就是"数字文化鸿沟",即由于"数字鸿沟"导致国家、国家内部和不同人群之间的观念和认知差别。信息传播数量的大幅度增加,事实上加深了文化差异与社会不平等,也加剧了潜在的文化冲突,并对文化传承乃至世界文化格局造成势不可当的冲击。对于"数字鸿沟"造成的两极分化的后果,一些学者还提出了"虚拟殖民主义"(cyber-colonialism)的概念,认为新媒体传播中出现的"殖

第六章 跨文化传播发展的动力

民主义"将技术作为压迫的工具,发展中国家正在被迫接受西方的知识和技术,但新媒体并非中立,其内部隐藏着设计者的偏好,西方的理念、知识和传播行为在很大程度上决定着新媒体的结构、体系和文化。

知识界对"数字鸿沟"的焦虑,反映了研究者对信息流通的均衡性以及公众获取知识的平等性的普遍质疑和担忧。经过一个多世纪的发展,信息传播技术在全球范围内建立了一个同质化程度极高的技术文化体系和秩序,延伸到经济、政治乃至军事领域,构成了国际关系不平等的现实因素。

第七章 跨文化传播交流的纽带

跨文化传播行为的实现离不开参与的主体。自我是实现所有跨文化交际的关键所在,了解自我如何与环境不同的组成部分交往以及如何看待它们,是跨文化交际能力的重要组成部分。本章将对跨文化传播交流的纽带进行具体说明。

第一节 自我的内涵与社会构建

对不同文化的理解始于对自我的了解,认知都是从自我开始的,也依赖于自我。了解自我的内涵以及自我的社会构建,对实现跨文化交流是非常重要的。下面,就对自我的内涵与社会构建进行简要说明。

一、自我的内涵

自我是一个不断变化的现象,一个永远不会完工的产品。自我由意识组成,意识负责信息的合成。所谓的体验或觉察就是信息合成的结果,但是自我并不等同于意识。意识在根本上是一种觉察。人可以像觉察别人那样,觉察到自我的存在。对于意识而言,所有的信息都是平等的,没有层级架构之分。

人们可以觉察到的信息基本分为四种,分别是存储信息(与记忆相关)(memorial information)、情感信息(与情绪相关)(affective information)、认知信息(与原因相关)(cognitive information)和感觉信息(与所有感官相关)(sensational information)。人们的意识积极主动地把这些信息结合在一起,这个过程被称之为合成(synthesis),合成的结果就是整体大于局部之和(图7-1)。

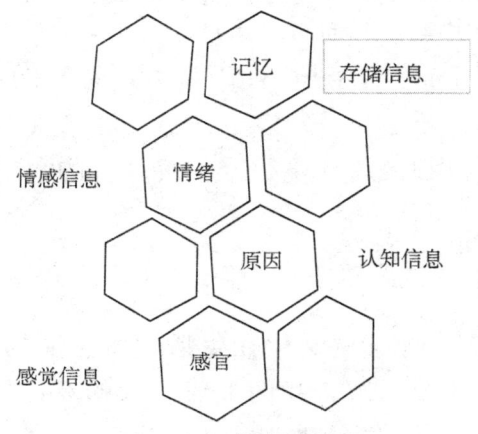

图7-1 合成的结果

(资料来源:[美]艾瑞克·克莱默、刘杨,2015)

换言之,以协同配合(synergy)为特点的觉察源于意识。意识持续不断地把旧信息与每时每刻都在生成的新信息进行重新结合,形成所谓的现实。这种持续不断的信息流在合成的过程中被组织起来,构成对人们而言具有意义的经验。同时,新信息也在不断地对自我——这个活跃意识的基本组成部分进行重新调整。所以,意识作为一个过程,并不等同于自我。

自我是一个带有多个维度的领域,在这个领域中各种各样的差异持续不断地汇总整合。在各种对立差异的汇合中,人们的自我得以呈现。比如,通过一定的参照物,人们可以知道自己是高还是矮,是胖还是瘦,是聪明还是愚钝,同时,这种汇合不断变化。如果个体站在一群职业篮球运动员中间,那么其肯定是个小矮子。但如果个体站在一群小学生中间,那么可以被认为是高个子。

自我或身份是差异双方不断转换的产物。在你的故乡,你或许会被认为是一个能言善辩学识很好的人,但当你进入一个非母语的语言环境,突然之间,你就变成了一个笨嘴拙舌的文盲。由于个人地位和可信度在很大程度上取决于沟通能力和辩论能力,所以,你在自己的家乡就是一个就任何话题都可以侃侃而谈的著名教授,但在异国他乡却会成为一个口不能言的无名之辈,这种差异对你而言非常难以接受(Giles& Johnson,1981)。鉴于此种情况,人们或许会把这种地位上的反差归咎于自我的愚笨以及宿主文化的傲慢(Jones& Nisbett,1972),可实际情况是,对于这个新环境而言,个体不过像一个文盲一样。由于个体不能很好地与这个新环境进行沟通,新环境很难了解真实的我,反之亦然。

二、自我的社会构建

想要更加深入地了解文化在生活中所扮演的角色,除了要了解自我的内涵,还要了解自我的形成。人的意识形成是一个逐渐结构化的过程。对于这个结构化过程的初期,我们无法察觉。因此,自我、我们所使用的语言、我们所处的世界等事物的形成,很大程度上都不在我们控制范围之内。我们在自己所处的文化、种族、生活环境、成长空间等范围内所积淀的经验、经历的体验构成了一个场,我们称之为经验场(the field of experience)。由于自我在形成过程中所面对的种种不可控性,我们认为个体并非经验场的拥有者,而是经验场的一部分。

我们是产生意义的这个生态环境的不可分割的一部分。也就是说,我们成为谁并不以我们的意志为转移。作为正处于成长阶段的孩子,他们不可能有意识地或者按照自己的意图和原则来安排自己的成长。虽然任何事情对于我们都包含意义(meaning),但这些意义是什么、我们如何看待并评价这个世界等这些问题,在很大程度上都不在我们的控制之内。其他人教育我们应该如何看待这个世界,但这种教育开展的环境并非正式的课堂,而是通过我们积极参与到社会生活中、通过我们作为意义产生所需生态环境的不可或缺的一部分而实现。

这种教育没有明确的方向,而是一个充满互动与解释活动的领域。我们在日常经验的教导下形成对这个世界的认知。这种

第七章 跨文化传播交流的纽带

形式的教导与我们所处的社会文化生活世界紧密相关,我们依赖这些教导在这个社会文化生活世界里生存。人与人之间这种基于深层次社会文化生活世界层面的不同,就是文化差异的根源所在。一个在传统村落中长大的孩子,从小就被教育要把个人利益置于族人集体利益之后,但一个从小接受个人主义教育长大的孩子,面临决策的时候更多考虑的是自己的需求,而非自己所处的那个集体的需求。这种对个人—集体关系不同的认知差异所体验的就是这两个人所处的两种社会文化生活世界之间的差异,同时也体现了两种不同文化之间的差异。

在我们思考能力形成之前就深深扎根于我们头脑中的判断标准,被海德格尔称之为"前见"(prejudgment),被伽达默尔称之为"成见"。伽达默尔根据自己的观察提出,在一个评论家开始对一幅艺术作品进行分析之前,他(她)就已经对这幅作品是否可被视为艺术品给出了判断。我们或许可以进行自我质疑,询问自己为什么认为某一个女孩子看起来很有吸引力,而另一个却看似丑陋。这种用一种观点去压制另外一种观点的做法,就如同文艺复兴时期对偏见的抨击那样,本身就是一种偏见。

个体本身所带有的前见或成见一直以来遭到了客观主义的批判。秉持客观主义的人推崇价值无涉或价值自由(value-free)。他们认为借助一种不偏不倚的中立态度就可以达到客观的要求。这种对客观的追求忽略了一个事实,那就是我们对同一种现象进行判断的标准、解读出来的意义会因文化的不同而不同。通过与持有不同成见的人接触,我们有可能慢慢开始欣赏对方所持有的价值观、标准、信仰和成见。我们无法摆脱成见,因为成见为我们提供认知世界的角度。我们看待这个世界的方式往往源于自己所持有的成见及所具有的角度。我们做出的评价无法与我们的体验割裂开来,因而我们所持的角度带有局限性,也存在偏见。

第二节 泛进化论与自我

从本质上讲,全球化就是跨文化传播。如今任何事物都处于不断变化的过程中,这个过程也是文化融合的过程(cultural fusion)。当下不同文化之间彼此汇合、协同进化、相互学习的态势远胜从前。人与人之间的关系就好像猎人、马和鹰之间的关系一样,是一种共生的关系。我们为彼此延伸世界,协同进化。但这个过程不仅仅是协同进化的过程。在我们上边所举的猎人的例子中,实际参与者的数量超过两个。如猎人、猎人的马、猎人的鹰、猎物、天气、猎人对于部落和家庭的责任,甚至危及他所在世界的、正在发生改变的地缘政治力量,这都是我们所举例子中的参与者。因为进化涉及的参与者不仅仅是两位,而且这个过程不仅仅是一个简单的辩证二元对立,因此,我们称之为泛进化过程(pan-evolution)。

当一个人的社交网络不断拓展时,他(她)进行沟通传播的渠道会成倍增加,这导致他(她)与其他人之间的相互影响程度加剧、增长迅速。他们的影响力也处于不断变化的状态中。今天从电视新闻报道中获得的一条信息,可能要比从朋友那里得到的一条信息更具说服力。而明天随着新信息的涌入以及新语境的出现,影响力的分量或许会发生改变。草原上的一些猎人或许并不了解工业社会正在向大气输出数百万吨的二氧化碳,因为这些知识不是他生活经验的范畴,但是他或许可以意识到这种情况带来的影响:他狩猎领地内温度升高,土壤沙化。如果兔子开始在他领地内消失,猎人就要去适应这种情况。泛进化是参与其中的各方之间相互影响的产物。随着影响力数量的增长,世界和意识到这个世界存在的人,在相互作用中都变得越来越复杂。

根据伽达默尔对视域的阐述可知,视域是一个人力所能及的视野范围以及经验范围。通过与其他人的交往,我们的视域得以延伸,不断拓展。这不是简单的线性辩证,而是一个充满了指号过程的领域,一个充满复杂交互的领域,而意义就产生于这些交互作用之中。在现实中,很多交往互动同时发生。有些交互与具体事件相互增强,但有些则是彼此矛盾。现如今工作时间已经变成了整日整夜,但在有些地方,工作时间只意味着白天。无数的交往互动并行发生。数以百万计的信息,以调制电磁信号的形式,穿透我们办公室的墙壁,甚至我们的身体,把我们和远在其他地方的个人与群体连接在一起。与此同时,这个世界中无数单个的昆虫、微生物、人、鸟、鱼等,像我们大脑中数十亿神经元那样相互连接在一起,以线性和并行的方式对信息进行处理。

随着网络化的发展,我们的视域得到极大的拓展。当我们与自己的朋友或老师交谈的时候,他们会带给我们很多我们从未听说过的见闻。他们以这样的方式拓展了我们的社交网络,延伸了我们有意识的觉察力。在社会文化网络中,我们遇到一种质的区别。诚如在一些书中解释的那样,模式(patterns),即一些人所谓的"构造"(architecture),崛起于一个充满情绪和观点的语义场(semantic field),而且科技的快速发展极大地拓展了我们的社交网络。

第三节 组织的跨文化实践

文化是一种衡量标准或参照体系,其不可避免地影响着组织文化、组织的跨文化谈判等实践活动。20世纪90年代,美国某商业研究机构曾以"什么是全球市场成功的最大障碍"为题,对全球性经营的企业和即将准备进行全球性经营的企业进行调查,结果显示,在法律法规、价格竞争、信息、语言、传播、外汇、时差和文化差异八个因素中,文化差异被列在首位。如何克服文化差异?如何适当地表达对其他文化的理解和尊重?这都是以企业组织为代表的各类组织在跨文化实践中不可避免的难题。

一、组织文化与跨文化培训

（一）跨文化工作组有效传播理论

自 20 世纪 80 年代后期开始，由全球化和全球市场经济所推动的人口结构和工作环境的变化，推动了跨文化工作组有效传播理论（Effective Intercultural workgroup communication Theory）的提出和发展。这一理论主要针对的是跨国公司、全球性商业组织以及合资企业等文化多元的工作团队内部的互动与合作，目的是揭示文化和文化多样性如何影响组织内传播过程，以及这一过程如何对工作效率产生影响。跨文化工作组有效传播理论的主要假设包括以下几个：

（1）跨文化工作组是一个包含投入、过程、产出的系统。该系统受到工作组所处的特定背景——客观环境、组织结构、文化状况和既定任务——的影响，背景中的每个因素都会引导和制约组织成员之间的互动行为。

（2）文化影响传播行为，组织成员的文化价值观、自我建构和多元文化背景不仅影响个体成员的行为，同时也会影响整个工作组的集体行为。

（3）个体积极参与，拓展决策共识，建立组织内部相互合作、相互尊重的沟通方式，是组织内有效传播的基本途径，个体亦会感受到来自生产效率和组织凝聚力两方面的影响。

跨文化工作组有效传播理论一直将关注点放在提高工作效率和改善组织内部关系方面，同时也具有了更为广泛的实用空间。这一理论同时也提供了一个启示：传播是工作组效率得以提升的重要原因，为组织成员提供相关的传播培训势在必行。同时，跨文化工作组的领导者应当帮助组织成员通过对话建立起相互间的协作和共识，并对组织内传播的过程进行跟踪，对有效和无效的传播行为及时做出反应。

（二）组织的跨文化培训

对于企业组织来说，跨文化培训的主要目的在于，使管理人员与员工加强对不同文化的辨别与适应能力，促进来自不同文化背景的组织成员之间的沟通、理解。具体而言，包括以下几个方面：

（1）避免驻外管理人员卷入或者制造文化冲突，使之能迅速适应当地环境。

（2）促进当地员工对国际企业经营理念以及经营方式的理解。

（3）维护内部良好、稳定的人际关系。

（4）实现内部信息顺畅流动及信息共享，使决策程序更加有效率。

（5）强化团队协作精神和企业凝聚力。

针对上述目标，跨文化培训的主要内容包括：对异文化的认识、对异文化的敏感性训练、外语学习、跨文化沟通与冲突处理、模拟异国地区环境、培养传播与适应能力等。

跨文化培训的一个重要观念就是：文化决定制度的成本。当企业组织内部的文化融合得好且对主导文化认同度较高时，企业制度成本就低；当企业倡导的文化适应性差且对主导文化认同度较低时，企业制度成本则高。在具体的培训策略上，既要考虑组织的观念与价值倾向，也要考虑本地的实际情况。

对此，企业组织的跨文化培训需要实现如下两个主要目标：

（1）不带成见地观察和描述文化差异，理解差异的必然性和合理性，进而在组织内部逐步建立共同的、统一的价值观，确定人们的行为模式、交往准则。换言之，就是通过识别跨文化差异和敏感性训练等，提高组织成员对企业内部不同价值观的鉴别和适应能力，减少文化摩擦，使之逐步适应以组织主流价值观为核心的企业文化。

根据实践领域的经验，由于受不同文化之间差异的影响，国际企业的管理策略和核心价值观的确立，始终面临着很多文化困境的挑战。例如,提高工资是调动员工积极性的惯常手段,但当美方管理人员给墨西哥工人涨工资时,结果适得其反,墨西哥工人宁愿工资低而享受更多的闲暇时间。再如,马来西亚的日资企业时常发生工人"集体歇斯底里"的情况,由于多数工人还不习惯现代化管理,一个工人大喊大叫便会引发整个车间的骚动,造成停工。

(2)选择和培养适应多元文化环境的管理人员,使管理人员尤其是高层管理人员具备较强的移情能力和应变能力,尊重、平等意识强,能够容忍不同意见,善于同各种不同文化背景的人合作。针对这一目标,跨文化培训的实质就是在承认文化差异的前提下,充分提升和发挥企业的跨文化优势,以达到管理方式和管理绩效的最优化。

跨文化培训的主要内容是语言培训(language training)和文化敏感性培训(cultural sensitivity training)。其中,语言培训不仅仅要使学员掌握语言知识,还要组织各种社交活动,让学员与来自东道国的留学生和工作人员有更多接触和交流的机会,帮助学员发现和学习文化差异,打破交往的语言障碍。最为重要的是,让学员在思想上和心理上做好克服文化休克的准备,以开放的心态接受新的文化。文化敏感性培训是一种改善人际关系和消除文化障碍的培训方法,目的是帮助学员进行有效沟通,加强对不同文化环境的适应能力,特别是减少文化定式与偏见,增加相互间的信任感。

文化敏感性培训多采取文化教育、跨文化研究和模拟练习(simulation exercises)的方式进行。文化教育主要是以授课方式介绍东道国文化的内涵与特征,指导学员阅读有关东道国文化的书籍和资料,学习有关东道国文化的具体知识,减少民族中心主义。跨文化研究是通过学术研究和文化讨论的形式,促使学员积极探讨东道国文化,提高诊断不同文化交往中产生的疑难问题的能力。模拟练习是通过各种手段模拟东道国的文化环境,目的是把在不同文化环境中工作和生活可能遇到的情况和困难展现在学员面前,让学员学会处理这些问题的方法,有意识地按东道国文化的特点去思考和行动。

二、跨文化谈判

所谓谈判(negotiation),是指两个或更多当事方彼此提出要求和建议的一系列行动,其目的是达成符合共同利益的协议或改变至少一方的行为。整体来看,西方学界的谈判研究除了关注谈判本身的固有规律之外,还特别注重不同的社会制度、文化观念、社会规范等对谈判活动的影响,并针对东西方文化差异提出了一系列的谈判策略。

文化影响不同民族的人们对谈判目的的认识。例如,在商务谈判中,通常美国人首要关注的是当前交易的达成,东亚谈判者关心的是与谈判对手的和谐关系,而拉美国家首先关注的是国家的荣誉。文化还影响谈判策略的运用。例如,一些文化的谈判者喜欢用演绎法,先确定原则,然后用原则去解决具体问题;另一些文化的谈判者则选择归纳法,首先处理具体问题,在这个过程中,逐步形成一些原则,最后通过谈判中的合作来达到自己的目的。文化还影响不同文化对谈判结果(outcome)的理解和评价。例如,一些文化的谈判者关注当前的交易和短期利益,要求一份字斟句酌的协议,并认为谈判双方都有义务遵守和贯彻已达成的协议;另一些文化的谈判者则认为,谈判的具体结果固然重要,但保持与合作者的和谐关系更有价值,所以,往往注意协议的实质而不太计较协议的具体文字表述,对措辞不甚严密的协议也可以接受。

不同文化在谈判对手的选择和沟通方式上也有着显著的差异。在谈判对手选择上,一些文化的谈判者采用实用主义的态度,容易跟有共同利益或相似利益的人联合,而不论对手是谁;一些文化的谈判者只愿意和意识形态一致的对手合作。在沟通方式上,一些文化的谈判者强调效率,喜欢直接进入主题;一些文化的谈判者则相对委婉，喜欢在双方逐渐形成共识之后再作出决策。例如，美国人、德国人、瑞典人喜欢很快进入实质阶段；中国人、日本人则表现得相对委婉，与之相似的还有墨西哥、阿根廷和巴西人，他们注重建立谈判者之间良好的个人关系，认为与对方建立起信赖关系之后才可能做成交易，所以，谈判的进程比较缓慢。

此外，不同国家的法律、制度存在很大的差异。要保证谈判活动的正常进行，保证谈判协议能够得以顺利履行，正确认识不同文化中法律、制度等规范的差异性是非常重要的。在跨文化谈判中，谈判者必须充分理解对方的法律制度、执行情况，还要注意不同文化环境中人们的法律观念。美国人的法律观念在商务谈判中就表现得十分明显，他们特别看重合同，会认真讨论合同条款，特别重视合同违约的赔偿条款。一旦双方在执行合同条款时出现意外情况，美国人会严格按双方事先同意的责任条款处理。与之相比，中国人则有偏重道德约束的倾向。

总体而言，正确认识不同文化的差异及其冲突，才能有效地帮助谈判者及时地纠正自己的缺点，强化自身的优势，并学会从文化差异的视角出发，积极地寻找问题的答案。

第八章　跨文化传播发展的趋势

当今社会,经济全球化已经是一个不可阻挡的潮流,并且在经济全球化以破竹之势席卷全球时,跨文化传播与交流也日趋强劲。世界各国文化均在不断的交流与碰撞,在这样的格局下,对于中国而言,如何进行跨文化传播是摆在我们面前的一大课题,而笔者认为,面对多元文化的冲击,中国的发展战略应该是:多元共生与文化融合。本章就从多个方面对这一趋势展开分析与探究。

第一节　文化多样性与多元文化主义

文化多样性反映的是在全球社会中,多种文化得以共存与融合的思想。近些年,全球各个地区对人类文化多样性的理解在不断加深,这意味着对人类共有利益的维护、对人类共有精神的弘扬已经成为不同社会、不同文化的共识。在文化多样性观念的指导下,对一个国家、一种文化的评判也需要根据一定的标准,这就会涉及对文化多样性的保护与宽容问题。对于正经历着现代化过程的中国来说,文化领域的各种行为与努力都不能偏离多样性的要求,社会经济的发展也需要以地球这一整体作为参照系,实现人与人、人与自然的共生共融。

以文化多样性为基础的多元文化主义属于一种文化观念,或一种历史观念,是一种价值观、意识形态,其与公共政策、国家认同、文化多样性等议题有着密切的关系。随着多元文化主义的发展,全球社会已经认识到:各种文化都是人类积累物质财富与精神财富的成果与过程,不同文化都应该充实于全人类整体发展过程中,从而得以继续前进。

一、文化多样性

文化多样性这一概念源于对生物多样性的保护与尊重,体现了人类在环境问题上的处理经验,强调对历史与不同文化的尊重。多样性将人类物种、文化的演化作为基本条件,大自然将不同样貌与构造的环境赋予了不同的民族,多样的生态系统也孕育了多样的文化,人类文化内涵的丰富、社会结构的差异就必然需要文化多样性来承载与体现出来。

生物多样性包含物种、基因、生态系统的多样性,是生态系统从简单到复杂演变的结果,物种、基因、生态系统内部的各个因素呈现互补的关系,有助于全球社会对物种、基因等进行优化与保存。生物多样性是基于特化现象产生的,是生物进化过程中的一种主要现象。所谓特化,是指生物对环境条件的适应与进化,有助于促进生物某一方面的发展,同时减弱对其他层面的适应。当环境条件发生改变时,高度特化的生物往往因对环境条件不能适应,而导致逐渐灭绝。

文化多样性的诞生正是相对文化发展中的"特化"现象而产生的,即对文化纯粹性与文化单一性的反驳。如果人类对某些特定文化过于依赖,最后可能会出现文化僵化的情况。这就说明,与生物体类似,文化必须强调内容与发展的多样性。

多样性的文化属于人类共同财产,是人类应对各种复杂情况的文化资源。文化多样性所要求的不同文化之间的多元化关系,是各种文化的张力结构能够保持的关键和保障,也为人类文化得以持续发展提供了动力。正如欧文·拉兹洛(Ervin Lasalo,1997)指出:不同文化背景下的人,所信奉的文化观念与观点只要不对抗,就能够为当今世界的文化增添活力。①

2001年,联合国教科文组织在《世界文化多样性宣言》中强调:文化多样性是人类交流、创造、创新的源泉,是人类能够享受更好的情感、知识、生活的手段。

总而言之,文化多样性是全球社会的共同遗产,当代社会的人们与子孙后代都应该好好珍惜它。

二、多元文化主义

(一)多元文化主义的时代背景

世界各国在经济、政治等领域交往频繁,出现了一种前所未有的状态。加上信息技术的发展,致使多元文化逐渐呈现出来,给人们带来多层面、多角度的冲击。我们不仅是文化资产的受益者,也是文化狭隘的受害者。因此,我们需要学会人与人、人与信息之间实现联结。

当今时代,除了少数国家是单一民族外,大多数国家都是多民族。这些国家都经历了"主流同化主义—融合主义—多元文化主义"的发展进程。在这一多民族的范畴中,不仅要将多元文化解决好、发展好,还需要努力实现国家的统一。可见,多元文化的提出正好体现了社会的发展,还体现了人们对文化研究的深入。

多元文化主义所关注的焦点在于族群文化的多样性,强调群体的公正性以及对弱势群体的保护,即对族群文化持有尊重与保护的姿态,实现族群的权利平等。著名学者罗伯特·斯泰姆(Robert Stam)这样解释道:多元文化主义是从团体间的权利关系上对原有的代表性文化加以解构,其中涉及了对权利关系的种族批判,通过集体诉求的方式将其转换为广泛的、互惠互利的交流模式,他还号召在文化群体之间进行重新建构与重新界定,

---

① [美]欧文·拉兹洛著,李吟波译.决定命运的选择[M].北京:生活·读书·新知三联书店,1997:121.

把少数群体紧密联系在一起,挑战将不同社会文化群体分为"主要""次要"的等级制。[1]

多元文化主义是一种为了对族群权利加以保护而逐渐形成的意识形态、观念等,其是基于"多元文化论"而建立起来的,是对多元文化思潮的深化。

另外,多元文化主义还是一种公共政策,即为了对种族歧视等加以禁止、对文化多样性予以认可与鼓励、对来源多元的个人与群体共存的状态的追求、对各个族群参与公共领域的寻求等,实施的一系列保护文化多样性的措施。多元文化主义的最终目的不是为了实现文化平等,而是真正地实现政治平等,就这一意义来说,多元文化主义就必然属于一种政治价值观,或者说属于一种意识形态。除了多元文化主义的议题,还存在多元文化问题,二者的区别在于前者主要是向族群、种族等社团发言,后者是对社会总体的性质加以关注,并由此表达每个人社会地位的改变。

作为对族群关系进行处理的文化政策,多元文化主义主要提倡国家、政府不能对族群予以孤立,而是应着力提升这些少数族群的归属感,并保证这些成员参与共同事务的权益,这样做的目的在于鼓励这些族群将对自身文化的认同感转向对国家的认同,促进社会的和谐与稳定。

从20世纪60年代起,美国很多学校开设了有关族群文化多样性的课程,并举办各种族群传承活动,多元文化主义逐渐被一些精英人士所推崇,逐渐打破了美国主流文化的话语霸权和等级秩序,推动了承认不同文化的平等价值,给予各社会文化群体以平等的政治、社会和文化地位的社会运动,特别是推动美国政府实施了名为"肯定性行动"的文化政策,扩大和完善了社会福利计划,增加了教育资助基金,使少数族群和妇女在就业、晋升、银行贷款和获取合同等方面得到优先考虑,改变了弱势群体面临的不平等局面。

---

[1] David Goldberg. *Multicultural*[M].Cambridge, CA: Blackwell, 1994: 320.

第八章 跨文化传播发展的趋势

多元文化主义对于全球对话来说,是一个新的观念。20 世纪 80 年代以来,少数族群权利的国际标准被联合国、国际劳工组织等接受,这些组织也编纂了相应的行为准则,目的是监督国家对这些政策予以执行。这样做不仅从法律上保护了少数族群的权益,而且能够确保压迫、驱逐等现象不再出现。在少数族群权利的保护上,美洲国家建立了相应的组织、欧洲国家建立了欧洲议会与安全组织协会等,其目的都是殊途同归的。

基于不同国家的经验,多元文化主义政策逐渐进入了社会实践中,但是需要注意的是,一定要处理好多元文化主义政策与当地政治、经济等层面的关系。同时必须强调,作为一项政策主张,多元文化主义并不能对文化差异与社会平等矛盾等进行全面的消除,况且多元文化主义政策将"纯粹的差异"视作终极价值,为保存差异本身而寻求差异,这样有可能转变成地方性的"绝对主义",甚至加剧不平等性。

进入 21 世纪以来,世界许多国家都遭遇了族群冲突和极端主义等问题,陆续出现的各种族群骚乱和暴力事件也表明,一厢情愿地将错综复杂的族群和政治、社会问题简化为"文化问题",意图通过"文化展示"消除族群矛盾,其结果可能是一场"乌托邦"的幻想。在这个问题上,菲利克斯·格罗斯(Feliks Gross)的观念清醒而深刻:即便是在公民社会,接受共同的社会规范和核心价值观仍然是必要的,否则多元文化主义无法运行,毕竟,"正是那个更大的民族文化的存在促进了统一,为所有少数族裔提供了栖息之地,多元主义才得以生存并取得成功"[1]。

(二)多元文化主义面临的挑战与局限

民族国家天然地拥有多元文化属性,它在许多意义上都是"包罗万象"的:它包含着多元族群和宗教团体,同时也为了国家

---

[1] [美]菲利克斯·格罗斯著,王建娥译.公民与国家[M].北京:新华出版社,2003:228-236.

的团结和凝聚力而约束着文化差异。因此,当它难以在辽阔的差异当中找到一种能够团结和联系所有社群和团体的首要国族认同的叙事时,我们可以说,如惠特曼所言的"我"一样,民族国家和民族国家文化是自相矛盾的,或者至少是包含着内在的矛盾性。同样,当多元文化主义建立在单一社群身份概念的基础之上,承认并欢庆文化差异时,我们也可以说,多元文化主义在这个意义上也是包罗万象却持续自相矛盾的。

多元文化主义的概念以及由此产生的相关政策近年来已经受到诸多批判。正如威伯纳(Webner)所观察到的,"多元文化主义或许有更多的批判者而非拥护者,这些批判来自左翼社会主义者以及自由主义者,无论哪个流派,包括后现代人类学家、女权主义者和人权活动家也都提出了批判,他们认为多元文化主义是一种由国家政府发起的、自上而下的政策"。

这些由学者提出的针对多元文化主义概念的持续批判,以及由资本和政治阶层提出的、针对这一概念以及促进多元文化公民身份的国家政策的批评,促进了"文化交流主义"的兴起,旨在保护文化多样性的同时避免多元文化主义产生各种问题。

尽管人们对多元文化主义抱有疑虑,但西方国家的政策,包括澳大利亚的国家政策已经试图解决道德和文化上具有多样性的人群所提出的文化需求问题,并且一直试图在拥抱文化差异和维持一致的国族认同话语之间找到平衡:这些努力包括多元文化艺术政策,该政策的目的在于鼓励文化多样性和特殊性的表达,包括媒体政策,如建立专项电视频道,为国内文化和语言的多样化群体量体裁衣。

在此,人们假定多元文化和群体艺术——艺术的生产、演出和消费——以及包含了多元文化的传输或内容的媒体频道,不仅能够促进不同文化之间的交流,以提升对其他族群的感知和敏感,而且更重要的是能够允许不同文化采取不同的形式参与其中。一项由澳大利亚研究委员会资助的、长达四年的研究,旨在检验承认和保持文化活力与文化多样性的同时,寻求维系国家认

第八章 跨文化传播发展的趋势

同凝聚力的内在挑战。

在国民的安全受到极端恐怖主义威胁的今天,在来自"内部的敌人"渐次对文化多样性和公民权带去潜在危险的时刻,维持自身独特性是否仍然足以让人信服并值得人们争取?这是否又恰好是一个重新审视文化多元主义以促进跨文化主义发展的良机?跨文化主义并不刻意强调文化差异,而是强调利用文化间的空隙来促进跨文化对话和传播。

齐泽克(Zizek)认为,自由多元文化主义是一种霸权,一种"经验事实"。针对这一观点,莎拉·艾哈迈德(Sara Ahmed)的回应首先是请人们承认,"霸权本身是一种命令事物以特定秩序来再造事物的控制形式,而当人们试图建立霸权的最佳描述时,以'经验事实'来作为出发点有多么困难"。这是因为"霸权并不真的可以被化约为事实,因为它掺杂了表象、重幻与幻象,是针对事物如何呈现的审问,也是表象与真实之间的鸿沟"。

在对齐泽克的"政治正确性"和掺杂了"特定写实主义"的"自由多元文化主义"进行辩解时,艾哈迈德详尽地阐释了她对于"作为幻想的自由多元文化主义"的解读,辩称基于多元文化主义和文化多样性的自由民主政策在推广尊重差异和相互尊重的理念时,掩藏了一个事实,即多样性本身在这一语境下是一种"自我理想"。换句话说,当一个国家相信它"因为它的特质已经实现了多样性",这实际上是在自我宣称某种"国民性"拥有,即这个国家拥有包括宽容和开放在内的一些特质以允许文化多样性繁荣兴旺。

艾哈迈德认为这是一种非常危险的想法,她将类似的对多样性的庆祝视为隐蔽的种族主义:"我认为这种'通常被视为自由民主制的官方政策标志'的对抗种族歧视的禁令是理想化的,而且它实际上隐瞒了每天都在上演的种族主义形式。"

艾哈迈德认为,更值得警惕的是,在违反常理的逻辑呈现里,这一局面不仅导致种族主义政策和日常种族主义变得隐晦,而且"种族主义可以以言论自由的形式得到拥护,我们已经清晰地看到了一种全新的话语自由:冒犯他人的自由",而且种族上的"他者"还得对冒犯负责,因为他们太容易被冒犯了。

艾哈迈德的观点在2014年澳大利亚司法部部长的一次针对种族歧视法案所展开的争论发言中得到清晰的例证,这位全国最高司法部门的负责人在议会中声明"人们有权变成偏执狂""在这个国度里,人们有权说一些让其他人觉得冒犯或者偏执的话"。这一声明潜在的台词是如果一个人或某一团体对某一种族主义标志或政策不满,那他们还不足以是一个澳大利亚人,一个"真正"的澳大利亚人乐于而且有权冒犯他人和被冒犯。国民性与文化多样性之间好不容易达成的妥协以内在矛盾为特征,在人们日益担忧社交媒体、极端主义激化和威胁的今天,这种矛盾尤为事关重大。特别是在澳大利亚这种白人占统治地位的国家里,长期萦绕交相共鸣的是有关种族、宗教和性别、政治的焦虑。

类似的感受既巩固了假定的"国民性"和国族认同的相关声明,也巩固了在欧洲与澳大利亚都兴起的国家主义政治。这反过来又对多元文化艺术和文化多样性政策,以及民族国家内部跨文化主义与多元文化主义相比之下的是非曲直提出了新的疑问。

第二节 文化对话、文化合作与"文化共同体"

之所以不同文化能够共存,文化对话(cultural dialogue)与文化合作(cultural co-operation)是其必要的前提条件,也是寻求共识、加强理解、维护共同利益的一项重要选择。也就是说,文化对话与文化合作对于文化多元化而言有着重要的影响和作用。通过多层次、多区域的文化对话与文化合作,可以指引人类面对共同目标与利益,帮助人类认识到自我与他者的相互关系,并能够以他者作为提升自我的外部资源,这是全球社会需要面临的一大课题。

在中国、朝鲜半岛和日本等东北亚地区,曾是以前人类文明的重要区域,文化传统有丰富的同质性内容和共同演进逻辑,在

第八章　跨文化传播发展的趋势

相当长的时期内为东北亚民族生存、发展提供了内在动力。以东北亚共有文化为基础展开文化对话与合作,构建一种面向未来的"东北亚文化共同体",有助于将东北亚文化的地位呈现出来。

一、文化对话与文化合作

跨文化传播学指出,每一种文化都不可能单独发生,也不能单独发展,而是在人类的社会物质、精神创造中形成的,每一种文化也只有通过不断的充实,并且与其他文化展开持续性的对话,才能得以持续发展,这是跨文化传播学的主导观念。

历史阶段不同,文化对话的形式、内容等也必然存在差异,但人类的交流与了解却是一致的。在古典时期,文化对话往往通过跨区域文化传播而存在,只不过这种对话还缺乏系统性与自觉性;进入全球化时代之后,人类的文化格局发生了改变,逐渐从区域化转向全球化,这导致文化对话更加系统与自觉,处于不同地域的文化系统也具备了开展文化对话的需要。但是,受世界大战、冷战等因素的影响,人类社会缺乏共同目标与利益的共识,导致霸权主义、强权政治存在,这使得今天的人们认识到,如果不能积极地开展文化对话,那么人类很可能会重蹈覆辙。

囿于历史形成的世界文化和政治秩序,虽然全球化使普遍的文化对话成为可能,但并不意味着对话各方具有平等的地位——不经过平等的对话,很难消除不同文化之间的隔阂,也就更谈不上世界文化的繁荣发展了。为了实现平等对话,并营造平等对话的情境,自身文化应该对他者文化予以承认,并打破"文化中心主义"这一错误观念,对各自话语的性质加以改变与调整。

学者任剑涛就此指出:"全球社会的文化对话是在一种强弱关系格局中展开的,很难实现平等状态,要想对这种不平等的文化状态加以改变,就需要对多方面的条件进行改变。总之,平等对话是一个长期的过程,其不依赖于我们的良善愿望而出现,只有当弱势文化建立起'令人尊重的现代文化大厦'的时候,文化间的平等关系结构才具有实际依托。进一步说,只有通过持续努力,使平等对话得到全球共识,那么才能使文化成为人们期待的全球性知识。"①

学者万俊人指出,要想使文化对话能够被真正的理解与达成共识,需要具备如下四点②:

(1)之所以能够形成文化对话,首先需要特殊文化传统保持开放的心态、善良的意愿,否则就谈不上文化对话了。

(2)要使平等的文化对话成为可能,如果仅存在心态与意愿是远远不够的,还需要保持话语间的相互理解,以及展开文化对话的公共论坛,这里可以采用社会的形式,也可以采用民间的形式,还可以采用国际的形式。

(3)文化对话需要道德基础,而平等、独立、宽容、尊重等就是实现多元文化对话的道德基础。

(4)最终能否实现文化对话,取决于不同文化系统本身是否是连续的、完整的,这是最关键、最重要的一点。如果处理不当传统文化与现代文化的关系,往往会导致文化系统内部出现矛盾,这会对文化对话造成一定的困难与影响,还会影响文化系统内部的沟通。

可以确信的是,不同文化体系之间开展对话与合作的共同话题十分丰富,来自不同文化的人们都有可能根据各自的生活和思维方式对这些问题做出取舍与诠释,寻求和扩充与其他文化共有的价值观、制度和实践。

在人类传播中,对话是最具有生命力的美德,只有善于对话,才能从其他文化中获得借鉴。杜维明指出:"文化对话对文化间的差异、分化和分歧给予了关切,负责任的、开放的对话采用沟通与协作的方式,能够对多元性进行欢迎、对核心价值予以诊视。"

在全球范围内,文化对话与文化合作主要体现在两个层面:

---

① 任剑涛.地方性知识及其全球性扩展——文化对话中的强势弱势关系与平等问题[J].厦门大学学报(哲学社会科学版),2003,(2):40-47.
② 万俊人.寻求普世伦理[M].北京:商务印书馆,2001:565-568.

（1）国家与国家间、组织与非政府组织之间的对话与合作。

（2）单一文化与国家内部主流文化与亚文化之间、不同阶层的不同群体与个体之间的对话与合作。

当前，不同文化之间开展的日益丰富的文化对话与文化合作，已经成为国际经济、政治合作的桥梁，为国家、民族达成共识提供了重要帮助，也为国家、民族在其他领域的合作奠定了基础。跨越国界的技术、物质产品以及大范围的社会交往，为世界范围内的文化对话与文化合作提供了现实条件，做这些努力的目的在于通过对话，了解和传播各种解决问题的意见，缓解与解决不同的文化需求以及可能出现的冲突。另外，通过对话，可将各种文化原则、文化目标等转化成可行的程序与战略，采用一种更能体现全球性的策略与观念来开展本地的文化对话与合作，进一步推进国家内部主流文化与亚文化的对话与合作以及不同文化群体与个体的对话与合作。

二、文化传统的同质性

以中、韩、日为例，中、韩、日文化在发生、发展的历史进程中，受到汉字、儒家思想等中国文化要素的影响，形成了有着丰富的共有文化传统和共同演进逻辑的"东亚文化圈"。东北亚地区的文化认同危机，始于从近代开始的与西方文化的接触以及随后发生的社会和文化变动，但面对当前全球化时代的各自境遇与选择，共有文化传统仍为中、韩、日提供了难以回避的基本背景。重新检视本地文化传统和社会变迁中的文化关联，有益于理性地认识本地社会文化的现实状况，有益于应对社会、经济乃至政治变革的影响，也是中、韩、日三国必须长期面对的思考。

以中国、朝鲜半岛和日本等为中心的东北亚地区，曾经是不同族群文化交融的集结地，各自之间的交往从未停止。近代之前，中国的文化占据着优势，其他文化受中国文化的影响较大，这也决定者东北亚乃至整个东亚地区，这一区域的文化居于世界文明

的领先地位。中、韩、日文化传统之所以将中国文化作为中心,并出现了其他文化趋同中国文化的局面,是有如下几点原因的:

（1）中国地大物博,人口众多,是东亚历史上最强大、最先进的国家,也是内容丰富的文化体,因此必然占据东亚地区文化的高位,对周边文化起着领导与影响的作用。

（2）东亚地区的其他国家长期处于以中国为主导的朝贡体系之中,中国与这些国家保持了密切的政治、经济、文化关系,这一体系一直较为稳定,具有自律性,不容易被其他文化体系冲击,因此使得中国文化一直居于主导、优先的地位。

（3）从先秦时期开始,中国人就不间断地迁徙到日本、朝鲜半岛等地,使这些区域与中国文化有着密切的关系,也就是说中国文化对这些区域的影响力度明显超过了其他区域对中国的影响。

（一）汉字的统一使用

中、韩、日文化传统之所以出现同质性,首先第一个原因就在于汉字的统一运用。

1. 汉字在日本的使用

汉字的传入对日本无文字的历史,对他们的文化基础建构作出了重大贡献,使得日本等区域进入人类历史文明的时代,也使得"汉字文化圈"出现。这表明了东亚历史上出现了一个多国参与、生命力强劲的"文化共同体"。随着汉字的传入,一些典章制度也被引入,日本的学术文化蓬勃兴起,一些从中国引入的文化内容如乐舞、文学、书法、国画、围棋、纺织、铸铁等也逐渐移植于此。

2. 汉字在朝鲜半岛的使用

汉字正式传入朝鲜半岛北部,最晚是在公元前1世纪汉朝设立"汉四郡"时期。到公元4-5世纪,汉字已经成为朝鲜半岛的书面文字,汉字教育也普及到了贵族、士人间。公元342年,高句丽小兽林王设立太学,将汉字字数、儒家经典作为教学材料,也促进了汉字文化的推广与运用。公元503年,新罗人根据汉字将国号定为"新罗",实际上这就表明汉字教育在逐步普及。

(二)儒家思想的传播

中、韩、日文化传统之所以出现同质性,另一个原因就是受儒家思想的影响。

1. 儒学在朝鲜半岛的传播

自从先秦儒学诞生之后,其在朝鲜半岛的传播大致可以划分为三个时期:

(1)汉唐经学的传播。

(2)朱子理学的传播。

(3)阳明心学的传播。

汉唐经学的传播开始于"汉四郡"的设立,这一措施不仅为朝鲜北部地区带来了儒家思想,还使得中国文化在朝鲜半岛迅速传播开来。进入4世纪末后,儒家思想在朝鲜半岛传播迅速,并得到了广泛的支持与推崇。具体来说,高句丽正式设立了太学,并将儒家经典作为教授的主要内容;百济设立了"博士"这一职位,由通晓儒家经典的人来担任;新罗人则为了培养青少年的忠君爱国意识,将自身文化与儒家文化结合起来,并将儒家的一些思想作为基本道德规范。676年,新罗统一朝鲜半岛,在中央设置国学机构,主要教授的也是儒家经典。到了8世纪中叶,新罗太学监设置博士与助教,规定《论语》《孝经》等为必修的科目。10世纪后期,高丽王朝将新罗王朝取代,但儒学的地位仍旧根深蒂固,高丽王朝创立了国子监,是当时国家最高的学府,科目的设置也效仿唐朝。

高丽王朝末年,朱子理学开始传入朝鲜半岛,并于16世纪达到了鼎盛。在朱子理学的传播中,李混被称为"朝鲜之朱子",创立了"退溪学",并为朱子理学的传播作出了重大贡献。

16世纪初,阳明心学开始传入朝鲜半岛,但由于受到朱子理学派的压制,导致阳明心学很长一段时间都仅是在私学中流传。明朝灭亡之后,一些朝鲜儒者宣称自己是中华文化的传承者,导致朱子理学占据了17世纪之后的知识界,也使得使阳明心学和清朝学者的考据学很难扎根于朝鲜半岛。直到20世纪初的"光复运动"时期,以朴殷植、郑寅普为代表的学者引进西方进化论重释阳明心学,才使之获得新生,并成为推翻日益没落的朱子理学的思想武器,为朝鲜接受西方近现代文化奠定了思想基础。

2. 儒学在日本的传播

儒学东传日本,朝鲜半岛的百济起了重要的中介作用。446年,百济派往日本的使者带去了儒家典籍《易经》《孝经》和《论语》等,日本儒风由此而始。至7世纪的飞鸟时代,摄政的圣德太子倾心中国文化,频繁地向隋朝派遣使节。圣德太子还制定了《十七条宪法》,明确地将儒家的"明分使群"和君臣等级观念纳入其中。

到17世纪初的德川幕府后期,已传入日本100多年的阳明心学开始兴盛,成为渴望变革社会现状的下级武士和士子的理论指南,并成为19世纪明治维新的思想动力。

与中国类似,儒家思想在朝鲜半岛与日本长期占据统治地位。虽然有着不同的形态表现,但其对社会的影响是非常巨大的,至今仍旧作为"秩序原理"存在于东北亚各国中。儒学对朝鲜半岛的社会结构产生了影响,日本也不例外,并且在社会生活的各个层面有所渗透,成为日本文化系统的一大重要组成部分。

第三节 本土的"焦虑"与选择:文化传统与现代化

文化传统指的是随着文化的发展,逐步形成与完善规范、观念等,编织了人们生活的背景,其中凝结着文化给予人们的生活方式与生存智慧,影响着文化中长期的、普遍起作用的生活方式和心理模式等。传统也是文化的集体意识和集体无意识,在文化体内部具有某种权威性和神圣性,如果失去了这种特质,就失去了对人们行为的规范作用和道德感召力,人们便不会为其献身或坚决捍卫它。

现代性是各种现代概念和现代化这一社会历史过程的总体性特征,主要有两种含义:

(1)启蒙时代以来新的世界体系中的组织机制与社会结构,包含民族国家的建立、世界性市场等,导致国与国之间、民族与民族之间形成了绝对性的边界。

(2)根据理性原则,建立的针对人自身、社会历史的反思性文化观念与认知体系,包含大规模的知识的传播与创造、各思想流派的不断产生、以人的价值作为本位的民主、自由等观念。

传统与现代性彼此相对亦息息相关,均为现代化理论的核心范畴,也是各种有关现代化的议题争论的焦点所在。这是因为,人类社会物质与精神生活的全球化,使各种文化都面临同一个迫切的问题:如何在传统与现代性的抗争中找到自己的道路?

一、中国文化传统的影响力分析

据2015年国际货币基金组织的统计,中国在2014年的国内生产总值达到103 803亿美元,成为仅次于美国(国内生产总值174 189亿美元)的全球第二大经济体。随着中国经济强力增长,国力也日渐增强。中国周边地区及西方强国都开始注视这头苏醒了的睡狮,大家都关注这个新兴大国是否真的会以"和平"方式崛起,还是像20世纪的德国和日本那样,试图通过战争改变国际权利的格局。

国际政治学中一个有关新兴大国的理论认为,当一个大国兴起,现有的国际权力格局将会受到挑战。新兴大国都有一个"修正"(revisionist)现状(status quo)的倾向,原因是它想获取更大的权力,扩大自己的利益,也可以是由于周边的国家太弱,新兴大国有机会也有需要填补权力上的真空,维持地区的稳定及巩固自己的利益。很多时候,这种"修正"国际权力分配的行为都会以战争形式进行,除了是因为新兴大国采取武力手段打破原有格局之外,亦由于原有霸主可能会采用"先下手为强"的策略,防止原有对己有利的格局受到破坏。但另一派理论则认为,大国兴起不一定要通过武力重建新的世界秩序。新兴大国可利用现有制度(institutions)及规范,通过合作方式以循序渐进的方法改变现有的国际格局达到共赢。这一派认为新兴国家在崛起的过程中本身的"绝对得益"比与别国竞争的"相对得益"更为重要,因为此举会减少与别国战争的危险,对本国的发展更为有利。

这一派的其中一位代表约瑟夫·奈(Joseph Nye),在20世纪90年代提出了"软实力"(soft power)的概念。他指出,一个国家要有除以经济及军事力量为基础的"硬实力"以外,还要有以文化及制度为主的"软实力"。国际的政治实力不外乎是"要令别国做你想让它们做的事"。"硬实力"是用强迫或利诱的方式达至你想要的结果,"软实力"则是"透过吸引力而非强迫或利诱而获得想要结果的能力"。

奈认为,新兴大国即使不用军事或经济的"硬实力",只要它具有"吸引力",也能让他国跟从它的意愿或接受它所提出的国际议题,这样新兴大国仍会得到它想要的结果。至于"软实力"的构成因素,奈指出有文化、政治价值及外交政策三大因素。

自20世纪开始,"软实力"的课题开始受人关注,因为它是一种和平的实力,可在改变国际秩序之时避免战争。对新兴大国而言,增强本身的"软实力",可谓有百利而无一害。

从历史上看,中国文化对西方的吸引力始于威尼斯人马可·波罗(Macro Polo)在13世纪末出版的游记。马可·波罗曾在元朝时期的中国生活了多年,他的游记详细记载了当时中国的情况,并引起欧洲人对中国的兴趣。此后直至18世纪末中国清朝乾隆时期,西方人对中国文化及社会可说属于"欣羡期"。这个时期,西方大多数人对中国文化称许及羡慕,包括启蒙时期

第八章 跨文化传播发展的趋势

(enlightenment)的思想家。但自19世纪中叶至21世纪初,中国文化对西方的吸引力不仅降低了,而且还被不少人攻击和鄙视。这个时期可说是中国文化对西方吸引力的"没落期"。但自21世纪中国经济强劲发展后,西方对中国文化及社会的发展开始重新评估,中国本身亦开始检视自己的传统文化及它对社会未来发展的良性影响。这个新时期可称为"重估期"。以下分别论述这三个时期中国文化与西方的交往,之后再评估现今中国可否从传统文化中找到提升国家"软实力"的元素。

(一) 18世纪前西方对中国文化的欣羡

当忽必烈在1279年灭南宋之时,欧洲仍处于中世纪(400—1400年)的后期。当时中国是世界上文明程度最高的帝国。马可·波罗在游记中对元大都(即北京)的建设及繁华赞叹不已。当时的皇宫以大理石造成,墙壁铺满了金银装饰。令他最诧异的是纸币的使用,欧洲人不能想象一张纸能够购物并用于商业往来。皇家的邮驿制度也令欧洲人大开眼界。此外,他还记载了元朝铸铁的惊人数量,每年达到125000吨,这个数字欧洲到18世纪才能达到。还有中国人穿丝织衣服,用漂亮的瓷器吃饭,四通八达的人工水道把不同城市联系起来。

此后,中国的物质文明包括造纸术、印刷术及火药通过战争及阿拉伯商人慢慢传入欧洲,而中国的思想及制度则从明朝开始通过西方传教士传入西方,其中最具代表性的是意大利传教士利玛窦(Matteo Ricci,1552—1610),他在中国生活了28年之久。利玛窦懂汉语,并融入中国儒家思想,容许信众拜祖先,并与当时的士大夫交游,本身亦穿士大夫服装,还介绍西方的天文、地理及数学知识到中国。他对日后的传教士来华及中西文化交流影响至深。

在明朝末年,利玛窦在他的著作中还介绍了万历年间的中国政治体制。他发觉尽管皇权是世袭,但皇帝并不是独裁暴君,在他之下有吏、户、礼、兵、工、刑六个行政部门,各有专职。地方上有十三个省,下设府、州、县等行政单位。此外,还有谏官及皇家卫队锦衣卫,专门打击贪污渎职的官僚,维持全国政治经济稳定。在他看来,中国真正实施了柏拉图理想国中的"哲王管治"。

在利玛窦之后,另一个对西方怎样看中国有极大影响的人是17世纪德国哲学家莱布尼茨（Gottfried Leibniz,1646—1716）。莱布尼茨处于"三十年战争"（1618—1648年）刚过去不久的年代。

透过在华传教士的记录及与他们通信,莱布尼茨发现中国人比起自认各方面都很先进的欧洲人更明白文明生活的意义。他认为欧洲在科学思想上比中国优胜,但在实践哲学、政治生活方面却比不上中国。他指出,中国的法律都致力于维护人际关系,维持社会秩序及公众安宁。此外,他特别推崇中国人的孝道及礼数。除了尊敬长者外,中国孩子还极少对父母做出粗暴的行为。即使是农民或仆人,他们对任何人都彬彬有礼,不会带着仇恨、愤怒或激动之情。

到了18世纪中期,欧洲启蒙运动（1715—1789年）的一些思想家都试图把中国纳入他们的理论体系中,其中尤以伏尔泰（Voltaire,1694—1778）及孟德斯鸠（Baron de Montesquieu,1689—1755）最具代表性。伏尔泰十分欣赏中国文化,他认为中国的技术及管理方式都比欧洲先进,尽管儒家并非宗教,但它令中国人成为理性而有道德的人。虽然中国的皇帝表面上有绝对权力,但他也受制于儒家的天命思想,信奉"民为贵、君为轻"的教导。此外,皇帝还有一班官员在实际管理中给予制衡。中国并不受制于贵族,而是由一班经公平考试选拔的有识之士管理。

与伏尔泰不同,孟德斯鸠对当时的中国持批判态度。孟德斯鸠花了大量时间研究中国,并与一位法国传教士带回欧洲的中国人交朋友。他研究中国的其中一个原因,是觉得中国的政治体制可帮他建构一个全球政治制度的大理论。在这个理论之下,所有社会的政治制度都可分为三大类:君主制（monarchy）、专权制（despotism）及共和制（republic）。君主制是由世袭的君王统治,一般民众感到自由;专权制则由独裁者或暴君统治,民众会受政府劳役;而共和制则由民选领袖统治,民众也是自由的。这三种制度分别以"荣誉""恐惧"及"美德"三种不同原理来运作。在孟德斯鸠的分类中,中国属于以"恐惧"原理运作的"专权"政体。孟德斯鸠对中国的批评颇为影响日后西方对中国所产生的负面印象,但这种负面印象是在19世纪后才成为主流。

据记载,当时的"中国风"远吹至美洲大陆。1785年,当杰弗逊(Thomas Jefferson,1743—1826)出使法国时,麦迪逊(James Madison,1751—1836)请他在巴黎购买有关中国的新书。此外,在杰弗逊的记事簿中,他亲手写下中国《诗经·魏风》中的一首英译诗。当时的上流社会还盛行中国式的建筑风格、家私、漆器、瓷器,并以喝茶为时尚。

(二)18世纪后西方对中国文化的贬抑

在欧洲启蒙运动之后,欧洲先后出现了两次巨大和影响深远的革命:法国大革命及英国领头的工业革命。欧洲及英美的文化、政治及经济亦随着发生根本性的改变。首先在生产方式上,以机器及工厂制度取代原来的家庭手工业方式,资本主义制度成为现有工业先进国的常态。政治制度上都实行了民主制度,人民以选票决定谁来管治国家。君主制不是被推翻变成共和制,便是变成君主没有实权的君主立宪制。国家权力一般分成行政、立法及司法三权。不论是英国首相制的二权分立,还是美国总统制的三权分立,司法权必然独立,不受行政或立法机关管治。

自文艺复兴强调人的理性,提倡科学实验、新教兴起开始,到启蒙运动时提出人生而自由平等,政府是人民以契约形式赋权,并且政府须分权而治,到最后法国大革命揭示的"自由、平等、博爱"的理念,再加上在科学基础上完成的工业革命,18世纪以后的欧洲完全脱胎换骨,变成了以民族国家为单元,以资本主义及技术革新为经济发展手段,以民主、法治、人权为统治基础的"现代"社会。

另外,中国依然故我,自满而不知危机将至,对西方发生的一切不甚了了,也没很大的兴趣。1793年,英国使节麦卡尼(George

Maeartney,1737—1806)见乾隆皇帝时,请求清朝容许英国人通商,乾隆当时仍拒绝说:中国没有东西要英国提供的。但大约半个世纪后,中国开始不断受到西方列强的欺侮,西方对中国的印象也进入了贬抑的年代。

之前到中国传教的传教士大都能接触到皇室人员及士大夫,属于中国的上层阶级,但后来的使节或商人所能接触到的大多是中下层的官僚、商人及一般民众。他们与传教士的经验及观察大有不同。这些使节及商人对中国的描述往往由于文化冲突偏向负面。例如,赫尔德叙述来华的商人时,提到中国政府鄙视来华的商人,以大量使欧洲人慵懒腐化的茶叶换取这些商人的白银。另一个很有代表性的来华使节是英国海军将领安逊(George Anson,1697—1762)。他的舰队原想在南美洲袭击西班牙的领地,但天气恶劣令他损失惨重,六艘战船到最后只剩下一艘,这艘战船于1743年抵达广州,进行维修及补给。在那里他受到广东总督的冷遇,又有军官在岸上被劫,甚至其中一只船桅杆也被偷走。这些遭遇都给安逊留下很坏的印象。在他的航行志上,他记录了当地鸡贩给鸡喂碎石,借以增加重量骗钱。他说中国的法官都贪污受贿,中国人惯于盗窃,很多物品都是假的。此外,他认为中国人虽然很聪明勤奋,但不能创新,很多东西都是抄袭或属于二流制品。

在欧洲走出中古时期进入现代世界之际,很多学者都尝试找出一套符合人类社会发展的理论,除了孟德斯鸠外,还有后来的黑格尔(Georg Friedrich Hegel,1770—1831)、韦伯(Max Weber,1818—1883)及20世纪的涂尔干、汤恩比等。在19世纪,黑格尔是最具影响力的哲学家之一。他试图把中国纳入一套世界知识体系中。他认为中国由于专制的影响,一直没有进入人类社会发展的主流,直至西方出现强大的活力,才把中国带回"世界体系"中,令它成为其中一员。在全面观察、研究中国后,他带着西方文化的优越感宣称中国文化充满成见、歧视及无知。

由于没有"荣誉",个人没有权利,自我贬抑为意识充斥,到最

第八章 跨文化传播发展的趋势

后导致全面的自我放弃。黑格尔进一步推论,由于这种放弃,中国将变成一个缺乏道德之地,朋友间互相欺骗,并且没人因此而觉得遗憾。他还认为中国的法律只是条文,伦理则只讲个人的义务而不谈权利,二者都缺乏主体性的基础。马克思认为,当时的中国处于"亚细亚生产方式"的落后阶段,其特征是一个专制统治集团垄断全国生产资料,剥削分散各地村庄的生产剩余价值,操控全国的军事、政治权力或水利设施。

曾居中国香港二十多年,翻译十多种儒家经典的英国牛津大学首任汉学教授理雅各(James R.Legge,1815—1897)在研究《春秋》后指出,孔子回避史实,站在权力一方多于弱势人群,并忽视政府邪恶和压迫的一面。他认为在官僚士大夫中散播这种思想,是阻碍中国进步的一个原因。当时很多西方人,包括一些"中国通"认为,中国文化一个最大的弱点是不顾是非,过于维持面子。

对韦伯来说,儒家非宗教的伦理制度就是阻碍资本主义发展的根源。儒家的伦理强调不同人的义务责任,没有像西方资本主义中不管人伦的道德伦理,不讲人情的法治制度,因此,儒家的"理性"就是维持人伦间的秩序。儒家把自然与人的冲突减到最小,因此,缺少人与自然或神的张力,缺少罪恶与救赎的需要。

到20世纪初,法国社学家涂尔干(Emile Durkheim,1858—1917)指出现代社会日趋复杂,原来的社会关系会由传统社会的"机械团结"(mechanical solidarity)变成分工细致的"有机团结"(organic solidarity)。前者的集体意识浓厚,但个人的存在感较弱;后者则要求个人互相依赖,个人意识较浓。在集体意识开始淡薄之时,个人有可能无所适从,出现"失范"的情况。但整体而言,集体意识的体现及个人的位置在现代社会里更全面、更获得肯定。涂尔干把中国社会划为"原始体系"(primitive system),它用家庭宗族而非个人将社会联系起来。换言之,即中国社会缺乏现代性,难以跟上西方。

虽然这时不少西方的分析对中国的看法都是负面的,但也有一些正面的看法。其中,罗素(Bertrand Russell,1872—1970)

对中国的看法便很突出。罗素于1920年曾在中国教书,他对中国的印象十分正面。他发现中国是建立在一个比西方社会更合乎人情、更文明的人生观上。他希望中国能给西方社会一点中国人的容忍和沉思恬静的心境,以报答西方传授的科学知识。他认为西方人的好战与忙乱产生邪恶,使他们不快乐,不能享受美丽。此外,历史学家汤恩比(Arnold J.Toynbee,1889—1975)对中国的看法是它在接受西方的挑战失败后,会依从"退出—回来"的历史规律重现国际舞台。他认为文化的发展可有不同路径,并非只有西方的发展模式,而且也不是直线一条。

总而言之,在19世纪中叶前,中国儒家的非宗教特征被西方视为息止纷争、包容异己、维持和平的好制度。它的皇权被认为开明、有智慧,受儒家思想节制,并由一个用人为才、以士大夫构成的官僚体制推行施政。人民彬彬有礼、父慈子孝、长幼有序,社会和谐稳定。但19世纪中叶后,儒家为非宗教特质则被认为是导致皇权专制、实质上是政教合一的体制产生的主要原因。皇帝是天子,拥有至高无上的权力,虽口称受制于天,但实际是无法无天。由于儒家不谈超自然力量,因此,社会在精神上不受外来力量的约束,这便导致人民道德低下,靠自身修德讲信,只能沦为空谈。

官僚体制中的士大夫亦在强调人情伦理下容易贪污苟且,枉法徇私。归根结底,这种转变是由于西方社会在18世纪后经济科技长足发展,欧洲的民族国家对外扩张,它们的武力盛极一时,已不需要把"傲慢"的中国放在眼里。另外,中国社会不论在经济、政治及文化上皆逐渐走下坡路。中国文化的"弱点"自然被视为中国落后的原因。事实上,中国的知识阶层在20世纪初也对自己的文化做出过反省和批判,出现了新文化运动及五四运动。

(三)中国文化的重估期

20世纪80年代初,中国实施改革开放,重新进入西方的视野。

第八章　跨文化传播发展的趋势

随着亚洲"四小龙"(中国台湾、中国香港、韩国、新加坡)在20世纪70年代的崛起,再加上日本经济强劲增长,西方开始重新检视儒家文化,新儒家的思想亦开始为人注意。新儒家的主要内容是继承儒家的中心思想,融合中西哲学,以解决现代社会面对的问题,其中以融合民主及科学为最根本。

西方一些学者在20世纪90年代认为,邓小平的现实主义路线让中国走出自己的发展模式,它一方面维持一党执政,另一方面开放市场经济。有学者认为中国将是下一个超级经济大国,变得比此前更强大。

2004年,英国广播公司对全球22个国家共22 000多人的意见调查中发现,差不多一半的人(48%)认为中国对世界的影响是正面的,比认为美国影响是正面的要多10%。但2014年,认为中国影响是正面的数字下跌至42%,而认为美国影响是正面的数字升至42%,二者一样。美国PEW研究中心的调查显示,在全球十大经济体中,除了中国外,只有俄罗斯过半数(64%)赞许中国。

这些数据显示,中国在西方及其他经济大国中的形象有改善的空间。负面形象对建构"软实力"产生很大的障碍,"软实力"的核心是"令人心悦诚服"的吸引力及亲和力,负面形象令一个国家在这两方面都大打开扣。

二、现代化进程中的"软实力"

中国在经济崛起时,为什么它的"软实力"没有一起提升呢?西方学者最常用的一种解释就是中国缺乏民主、人权及法治精神,这些是西方十分重视的价值。假若现在还有国家缺乏这三种价值,它便不应被接纳入现代文明社会的行列。奈曾指出,只有那些强调自由、多元及自主价值的国家才有可能展示它的"软实力",因为这些价值已成为全球的规范,缺乏这些价值,将难以以"德"服人。

为什么中国自晚清开始仍不能开展民主多元之路呢？深究之下，很多人认为与传统儒家思想有密切关系。儒家强调三纲五常、长幼有序的和谐社会秩序，社会等级不可逾越，尊卑界限十分清楚，它与现代社会的平等之义明显有冲突。宗族家庭之下，每个人都有固定的义务，权利则少谈。大家长在宗族制度下，往往能一锤定音，偶尔也会征询一下族内资深长辈的意见，这种社会组织与现代民主分权而治的理念又大相径庭。在法治方面，儒家强调"中和""适中"多于"铁面无私"，最有名的例子是孔子对于举报父母犯事的儿子不以为然。强调人情的社会与现代不讲人情的法治思维又格格不入。在统治方面，中国传统儒家强调圣贤之治，提倡统治者修德爱民，与西方强调由外力监察制衡统治者的分权统治南辕北辙。因此不论中西，很多学者都认为传统儒家是中国现代化的最大障碍。

持以上观点者可称为"西化派"，他们认为中国要实现现代化必须从西方学习民主、人权、法治之道，要扬弃儒家思想，实行西化。这派代表有五四运动时的青年知识分子，包括胡适、陈独秀、钱玄同等人，也包括前面所述的众多西方学者。

但在中国的经济起飞后，很多人开始重新探索儒家对现代文明的价值，希望在儒家的基础上再度弘扬中国文化，提高中国的吸引力和"软实力"。其中，最具代表性的是"新儒家"。新儒家的主要内容是以西方哲学的内容重新诠释儒家的内容，主张在心性儒学的基础上开出新的"外王"来（西方的民主科学）。

道德主体只有通过自我提升，才能成为知性主体，成就民主与科学。新儒家的主要关注点是如何在肯定传统文化之同时，吸纳民主与科学在其中。新儒家学者秉承了史宾格勒（Oswald Spengler，1880—1936）及费正清（John K.Fairbank，1907—1991）的"挑战与回应"历史模型，认为中国面对西方的强势，不仅要富强，不仅要军事和经济强大，而且还要有更深刻的价值理念做出回应。

杜维明认为，西方对中国的冲击不仅是军事和武器，而且还

第八章　跨文化传播发展的趋势

有效率极高的制度及有深刻的对人的发展有积极作用的价值观。他认为中国对"西方挑战"的回应才刚开始,这一两百年的回应绝不足够,他以印度佛教为例,中国消化它也花了很长时间。可是,近十年儒家文化的探讨很少论述新儒家提出的"新外王",大多数只是谈论种种促进中国"软实力"的"内圣"修为,其中包括"建构家庭及社会伦理秩序、重义轻利、舍生取义的思想及奉行仁爱之道";也有提出以"天人合一、舍利取义、修齐治平、克己复礼及达己达人"的价值观去增强国家的"软实力"。当中也有一些讨论认为儒家一些观念需要更新,如"礼"在今天已不是强调上尊下卑的等级制度,而是强调遵纪守法及照章办事的道德规范。亦有论者提出,除了等级秩序观念,儒家漠视个体权利的理念也要扬弃。但这类扬弃旧理念、旧制度及建立新观念、新制度的讨论一般不多见,或只轻轻带过。

过于强调"内圣"的修为,忽视"新外王"(民主科学)的推演,令一些讨论变成倡议"复古"。其中,就有学者认为提高中国文化"软实力"的方法主要是加强中国文化的使命感,大力推广它,并借助"硬实力"的杠杆作用。中国对西方社会的吸引力下降,不是"软实力"下降,而是因为国家"硬实力"的衰落。还有学者认为西方的民主模式不能帮助中国解决现今的问题,只有透过"复兴"儒学,建立起源自天道理性的政治法律秩序,才能解决今天中国面临的种种问题。但是复古论也引起不少争议,有学者指出,"复古"倡导者忽视现代化的含义及儒学与现代化之相融性;现代化带有浓厚西方文化中心论的色彩,除非中国文明的程度远远超过西方,否则中国传统文化是无法超越西方文化的。

总结而言,一个国家"软实力"的出现,一定是这个国家在经济及军事以外有令人佩服赞赏的地方。而这种令人心悦诚服的力量,一定是由社会内部散支出来,多于由政府调教经营而成。综观西方与中国自13世纪交往至今,中国曾经对西方吸引的地方有它的物质文明、开明君主、士大夫官僚制度、考试制度,更重要的是宗教包容及儒家的社会秩序。但是到了今天,这些原来对西方人吸引的东西,还有多少吸引力呢?美国华裔精英组成的"百人会"研究显示,2006年,美国人认为中国文化及中国人最令他们欣羡的特点是:勤奋(work ethic)(35%),重视家庭(25%),历史悠久(16%)及重视教育(13%)。就看这四项优点,西方人没有吗?再者,美国人赞赏最多的"勤奋",也只占三分之一左右。此外,西方人不也很勤奋吗?

中国过去200年国力衰退的经验显示,中国缺乏民主与科学是令中西力量对比逆转的主要原因。民主背后代表的是个人自主得到解放,个人掌握自己的命运,不只发挥自己的能力掌控自然,也掌控维护大众利益的公权,确保公权不能过分集中,防止滥权。若今天中国要发挥它在西方的"软实力",首先要让西方觉得中国与它们一样,重视人权、民主、法治。但光是落实西方认可的价值仍不足以令西方心悦诚服,因为这些价值观他们早已认可并以制度实施巩固之。

因此,在落实这些价值之后,中国仍需给西方及全球一些他们没有而令他们欣羡的东西。这些东西可以是物质文明,像以前的瓷器、纸张;也可以是精神文明,像以前的儒家伦理及和谐秩序,但必然是新的"我有人无"的东西。新的东西要能出现,必须有新的思想、新的尝试作保证。现代化的过程只是将这种人类发挥自我潜能的能力确立并保护起来,当每个人都能发挥自己最大的潜能之时,社会定当出现新的事物,把人类社会的文明不断推进。要从中国文化中寻找资源提升"软实力",必须先把现有文化与西方文化之核心价值作对比,找出双方的优劣,然后将自己不足之处提升,之后再锐意创新,在物质与精神文明上都超越西方。建构"软实力"并非一朝一夕之事,只有有明确的文化愿景,才能事半功倍。

第八章　跨文化传播发展的趋势

三、文化的现代化理论转向

不同时期的现代化理论及相关反思,提供了对传统和现代性的不同评估和选择。

（一）经典现代化理论

作为现代化理论第一阶段的经典现代化理论,发端于20世纪50年代塔尔科特·帕森斯(Talcott Parsons)提出的"结构—功能"(structural-functional)分析框架。其主要观点是:现代化体现了社会"结构—功能"的巨大变迁,源于新型经济、政治、文化要素的生成、发展及其对原有"结构—功能"的渗透、改造、替换,可被视为对社会范式的变革与适应性整合,现代社会因脱离传统社会而转化为传统社会的差异性对立,其核心假设有三点:

（1）传统与现代在基本制度与核心价值方面是两极对立的,传统社会落后的根本原因在其内部因素,特别是因封闭而缺乏现代化的动力。

（2）现代化的核心内容具有普适意义,尽管不同国家的现代化道路不一致,但现代化的基本内容与发展方向是趋同的。

（3）全球现代化的形成机制是传播和扩散的,后续民族国家的现代化在相当程度上具有模仿性,意味着全面学习西方的自由市场理念、多元社会结构、法治国家、公民社会、政党政治、自治团体等,最终实现从"传统社会"向"现代社会"的转变。

总之,在经典现代化理论看来,现代化意味着新文明的确立,因为现代化不仅冲击了其他地区的传统文明,也冲击了西方的传统文明,即"相对于西方传统而言,现代化也是一种异质,也是一种西化"。这一理论使用的基本历史事实也大致如此:在早期现代化过程中,非西方国家被强制抛入新的文化参照系,为了重新"识别"自己,不可避免地按照西方标准对自己的传统进行了长期、彻底的"清算"。

（二）新现代化理论

20世纪80年代之后，在"新现代化理论"等理论主张的影响下，西方学界逐步认识到，现代化是传统的制度和观念在功能上对现代性的要求不断适应的过程，破坏传统不仅未必意味着现代性的必然实现，甚至会损害到现代化的过程本身。

丹尼尔·贝尔指出，"传统在保障文化的生命力方面是不可缺少的，它使记忆连贯，告诉人们先人是如何处理同样的生存困境的"。[1] 华人思想界也逐步凝聚了一种共识：每一民族的传统都有其特殊的"现代化"问题，而现代化本身并不能以西方文化为价值依归，离开了"传统"这一主体，"现代化"根本无所依附。

第四节 多元共生与文化融合

如前所述，跨文化传播的主要趋势就是多元共生与文化融合，因此，本节基于前面三节的论述，对这两个概念做系统的阐述。

一、多元共生

（一）多元共生的概念

"共生"本为生物学的概念，由著名真菌学奠基人德·巴瑞（Dr Bary）于1879年创立，本义为 living together，即不同生物密切生活在一起，属于一种共存的状态。

---

[1] [美]丹尼尔·贝尔著，赵一凡译.资本主义文化矛盾[M].北京：生活·读书·新知三联书店，1989：24.

"多元"就是我们前面说的文化多样性,"共生"是文化互进性与互生性,要求世界上的不同文化之间应该相互依存与相互统一并进。

所谓多元文化共生,是指不同时代、不同民族、不同区域的健康文化的相互尊重与多元共存,实现文化兼容并包,协调发展的文化形态。可见,多元文化共生强调的是多元文化共存,并在此基础上实现不同文化的联结。

（二）多元共生的结构

多元文化共生存在一定的结构性,这一结构性包含横向结构、纵向结构以及立体结构,彼此之间相互作用与关联,共同促进文化多样化的发展。

1. 多元文化共生的横向结构

多元文化共生的横向结构主要包含三个层面:不同国家间的多元文化共生、国家内部多民族之间的文化共生、不同文化群体的共生以及主流文化与亚文化的共生。

（1）不同国家间的多元文化共生

世界是多样性的,并且需要多样性的文化才能生成。因为,不同社会制度、不同文明都处在一个充满多样性的世界中,各个文化都需要享有世界空间所享有的权益性,并且世界文化发展的本质性要求就是实现多元文化共生。

现如今,文化冲突也呈现增长的局面,因此比历史上更有挑战和危险,在这样的世界里,真正的挑战与危险并不是来自阶级,也不是来自穷人与富人,而是来自以经济作为划分线的集团之间,来自不同文化实体的人民之间。

不管是冲突还是和谐,都必然需要指称对象的参与。换句话说,不同国家、不同文化之间的冲突和和谐都是建立在共生的前提之下的,如果没有对方的存在,那么也就谈不上是冲突还是和谐共处了。

（2）国家内部多民族之间的文化共生

对于大多数国家来说，当今世界呈现的"多元一体"格局已经是板上钉钉的事情，而一个国家内部多民族之间的文化共生也是表明这一国家文明程度的标志。也就是说，正是由于多民族文化共生局面的存在，整个国家的文化才得以促进与发展。

（3）不同文化群体的共生以及主流文化与亚文化的共生

在社会转型时期，很多利益群体、利益阶层得以出现，导致很多文化也随之而来，如大众文化、企业文化、精英文化、校园文化等。利益群体不同，所形成的文化也必然存在特殊性。例如，大众文化展现的是大众消费型文化，主要是为满足人们的文化消费需要而产生的，体现出文化发展的通俗性与普遍性；企业文化、校园文化属于地域性文化，呈现的是在一定地点、区域内的文化发展特征与镜像，是社会稳定的基础；精英文化展现的是精英阶层的文化情况，体现出文化的高雅性境界。

2. 多元文化共生的纵向结构

多元文化共生的纵向结构主要体现在传统文化、现代文化、后现代文化的共生。这一结构决定了社会文化发展具有传承性、连续性的特点。另外，多元文化共生的纵向结构也推进了多元文化的和谐共荣发展。

文化发展具有时空性，所处的历史时期不同，其文化发展态势也不同。文化发展所具备的时空性是多元文化共生的纵向结构的最主要层面，具体来说就是传统文化与现代文化的共生、现代文化与后现代文化的共生。

随着人类社会的诞生与发展，文化就逐渐积淀下来，并且日复一日的文化积淀导致文化脉络源远流长。任何一种文化都在不断的传承中得到发展，是一个连续的过程，因此，现代文化必须吸收传统文化的精髓，去粗取精、去其糟粕，从时代的精神出发，对传统文化进行继承与发展，实现真正的古为今用。

总结来说，文化的传承性必然需要将传统文化与现代文化共生作为前提,两者的共生,不仅可以使传统文化得到提升,还可以使现代文化获得更多的资源。同样,现代文化与后现代文化的共生也是这个道理,现代文化转向后现代文化也是社会文化发展与创新的趋势。

3. 多元文化共生的立体结构

多元文化共生这一系统是立体化的、复杂的。多元文化共生的立体结构是横向结构与纵向结构的结合,但是这种结合并不是简单的拼凑,而是有机地组合在一起。多元文化共生的立体结构主要体现在如下三个维度上:

(1)形式维

所谓多元文化共生的形式维,是指文化不同形态之间的共生。例如,物质文化形态与精神文化形态的共生,这两种文化形态从来都是密切相关的,精神文化形态的发展要建立在物质文化形态的基础上,而物质文化形态的发展也需要精神文化形态的提升。因此,只有二者共生,才能促进文化的健康发展。在新时期,文化产业与文化事业应该相辅相成、相互促进、协调发展,这对于文化"走出去"战略有着重要的意义。

(2)内容维

所谓多元文化共生的内容维,是指对多元文化共生内涵、多元文化创新等层面的探讨。多元文化共生的核心在于先进文化,其对一个社会文化的发展、民族文化的发展起着决定性的作用。先进文化需要与健康、有益的文化结合起来,这是因为后者对于大众而言是更加普遍的、适用性的,先进文化在健康、有益的文化的补充下,使自己能够更好地为大众服务。

除此之外,还需要对落后的文化进行改造,对腐朽文化持以坚决反对、批判的态度,但是这是一个长期的过程。在今后一个相当长的时期,这些文化仍旧存在,也会在文化悖论中发展。多元文化共生的灵魂就在于创新,也就是说要想实现长期共生,就必然需要创新,而创新需要以内容作为核心,逐步培养创新主体,即大力发展主导文化,对健康有益文化进行规范与引导,从而创作出更多的文化产品,推进多元文化共生。

(3)和谐维

所谓多元文化共生的和谐维,是指使文化处于和谐的状态,是多元文化共生结构中最重要的维度。文化和谐是多元文化发展的最高境界,即不同阶层、不同地域、不同阶段等的先进文化与健康、有益的文化要达到彼此的和谐共处。

多元文化的和谐状态体现了文化多样性的价值与要求,呈现出不同文化之间的兼容并包、相互合作与交流,从而实现彼此的协调发展与和谐进步。文化和谐是对多元文化共生阈值的超越,是多元文化共生中不积极因素的终结,其所探讨的是不同民族之间先进文化的和谐,以及不同民族之间健康有益文化的和谐,而不是落后文化或腐朽文化的和谐。因此,文化和谐的根本属性在于其具有进步性的特征。

文化和谐的进步性要求对落后、腐朽文化进行摒弃,将那些危害国家文化安全、社会进步的因素排除掉,否则就谈不上文化和谐了。同时,文化和谐还要求多样性文化是进步的文化,这是首要的要求。可见,多元文化共生的和谐维是最高的维度,是多元文化共生的价值取向,对多元文化共生的形式与内容起着决定性的作用。

二、文化融合

文化融合是基于文化冲突产生的,文化冲突在前面章节已经有详细的论述,这里就不再多加赘述。

文化融合是跨文化传播的总体性趋势,它是不同质文化之间的一种整合与交融。随着经济全球化的发展,各个国家、各个地区之间的经济文化交流更加频繁,尤其是随着卫星电视、互联网的普及,跨文化交流已经冲破了时空的限制,以多样的形式呈现。那么这就必然会出现文化交流、文化冲突、文化认同、文化交融的

第八章 跨文化传播发展的趋势

局面。另外,从文化自身发展的规律来说,文化融合也是文化发展的必然趋势,任何文化都会不断地向前发展,那么也必然会出现与其他文化产生质的交流,通过对话、学习等形式,吸收其他文化中的优秀成分,丰富自身的文化,促进自身文化的发展。如果封闭自己,不与其他文化进行交流,那么自身文化也得不到进步。因此,文化发展必然需要文化融合,只有通过文化融合,才能使自身文化更加优质。可以说,文化融合是文化发展的根本。

(一)文化融合与文化多样性

如前所述,文化融合是不同质文化之间的整合与交融,而这实际上是文化上的扬弃,是对自身文化的优化手段。

文化融合体现了文化多样性,是基于文化多样性建立起来的,其对文化的丰富化并不排斥。同时,文化多样性是文化融合的条件,如果没有多样的、多元的文化,那么也就谈不上文化融合了。可见,文化融合是"你中有我,我中有你"的文化共存状态。

文化趋同则是不同质的文化的一致状态,这就是前面所说的"文化同质化",其是对文化多样化的抹杀,因此属于文化的倒退现象。一般来说,文化趋同是强势文化侵袭弱势文化,因此,文化融合并不是文化趋同,二者有本质上的区别。

(二)文化融合的过程性与层次性

文化融合是一个过程,是文化从表层到深层的整合与交融的过程。文化的内涵非常丰富,不仅包含表层的符号、生活方式、风俗习惯等内容,还包含深层次的价值观念、审美取向等内容。这些内容不同,那么形成的文化类型、文化模式也必然存在差异性。

在跨文化传播中,不同文化在整合与交融过程中,首先容易改变的是表层文化,而深层文化是不容易改变的,因为这些文化存在于人们的意识深处,是潜移默化形成的,并且深深地融入文化主体的血脉之中,成为文化上的无意识。在文化交流与对话中,深层文化总会无意识地、不自觉地抵制外来文化。

但是,文化融合就可以改变上述局面,其是一个文化适应的过程,并且是非常漫长的过程,逐渐从表层文化向深层文化转变。

参考文献

[1][美]艾瑞克·克莱默(Eric Mark Kramer),刘杨.全球化语境下的跨文化传播[M].北京:清华大学出版社,2015.

[2][英]爱德华·泰勒著,连树声译.原始文化[M].上海:上海文艺出版社,1992.

[3]白玉德.中国传统文化新编[M].武汉:华中理工大学出版社,1996.

[4]陈浩东等.翻译心理学[M].北京:北京大学出版社,2013.

[5][美]丹尼尔·贝尔著,赵一凡译.资本主义文化矛盾[M].北京:生活·读书·新知三联书店,1989.

[6]单波,刘欣雅.国家形象与跨文化传播[M].北京:社会科学文献出版社,2017.

[7][美]菲利克斯·格罗斯著,王建娥译.公民与国家[M].北京:新华出版社,2003.

[8][瑞士]费尔迪南·索绪尔著,高名凯译.普通语言学教程[M].北京:商务印书馆,1980.

[9]傅铿.文化:人类的镜子[M].上海:上海人民出版社,1990.

[10]胡伟."一带一路":打造中国与世界命运共同体[M].北京:人民出版社,2016.

[11][美]克利福德·格尔茨著,韩莉译.文化的解释[M].上海:上海译林出版社,1999.

[12][美]拉里.F.默瓦,理查德·波特.文化模式与传播方

式[M].北京：北京广播学院出版社,2003.

[13][英]雷蒙德·弗思著,费孝通译.人文类型[M].北京：华夏出版社,2002.

[14][英]李约瑟著,何兆武等译.中国科学技术史记(第2卷)[M].北京：科学出版社,1990.

[15][美]罗伯特·尤林著,何国强译.理解文化[M].北京：北京大学出版社,2005.

[16][法]罗兰·巴特著,许苗等译.神话[M].上海：上海人民出版社,1999.

[17][美]欧文·拉兹洛著,李吟波译.决定命运的选择[M].北京：生活·读书·新知三联书店,1997.

[18]孙英春.大众文化：全球传播的范式[M].北京：中国传媒大学出版社,2005.

[19]孙英春.跨文化传播学[M].北京：北京大学出版社,2015.

[20]孙英春.跨文化传播学导论[M].北京：北京大学出版社,2008.

[21]万俊人.寻求普世伦理[M].北京：商务印书馆,2001.

[22]殷莉,韩晓玲.英汉习语与民俗文化对比[M].北京：北京大学出版社,2007.

[23]张国良.20世纪传播学经典文本[M].上海：复旦大学出版社,2013.

[24]中国符号学研究会.逻辑符号学论集[M].上海：百家出版社,1991.

[25]蔡虹.中国故事,国际表达[J].中国经济周刊,2014,(22).

[26]戴圣鹏.论文化的包容性[J].人文杂志,2015,(3).

[27]郭良婧.重建信念伦理与坚定文化自信——论当代中国社会转型过程中的文化建设问题[J].理论学刊,2017,(6).

[28]何其芳,李国青."一带一路"下提升中国文化对外传播力的路径[J].北方经贸,2018,(10).

[29] 李丽,郭伏良.跨文化交流中的"和而不同"原则[J].人民论坛,2011,(11).

[30] 李巍巍.跨文化传播中的文化冲突和融合[J].新闻爱好者,2008,(5).

[31] 梁晓波.中国国家形象的跨文化建构与传播[J].武汉大学学报(哲学社会科学版),2014,(1).

[32] 梁毅.跨文化语境中讲好中国故事研究[J].英语广场,2018,(12).

[33] 林默彪.文化自觉、文化自信与当代中国文化主体性的重建[J].福建论坛(人文社会科学版),2016,(12).

[34] 罗艳."一带一路"国际传播如何讲好中国故事[J].新世界,2018,(4).

[35] 邱仁富.文化共生与和谐文化探幽[J].学术交流,2007,(11).

[36] 邱天来."一带一路"视角下中国茶文化传播与国家形象建构探究[J].福建茶叶,2018,(11).

[37] 任剑涛.地方性知识及其全球性扩展——文化对话中的强势弱势关系与平等问题[J].厦门大学学报(哲学社会科学版),2003,(2).

[38] 任平.全球文明秩序重建与中国文化自信的当代使命[J].社会科学文摘,2017,(10).

[39] 史安斌.从"跨文化传播"到"转文化传播"[J].国际传播,2018,(5).

[40] 田传信.论文化包容性与存在[J].文教资料,2007,(9).

[41] 魏凌青.从习近平总书记"文化自信"观审视中国传统文化的文化记忆与价值重建[J].现代交际,2018,(9).

[42] 吴康宁.教育的社会功能诸论评述[J].华中师范大学学报,1996,(3).

[43] 徐华,周晓阳.论文化的基本特征[J].南华大学学报(社会科学版),2012,(4).

[44] 徐瑞仙. 以文化自信助益中华民族的伟大复兴[J]. 天水师范学院学报,2016,(4).

[45] 闫立光,张文彬,刘晓华. 文化自信重塑与精神世界重建的"中国道路"——兼论社会主义核心价值观的构建[J]. 佳木斯大学社会科学学报,2015,(4).

[46] 张义桂. 中西方传统思维方式的差异及成因[J]. 文史博览(理论),2016,(6).

[47]Dale Leathers. *Successful Nonverbal Communication*[M]. New York, NY: Macmillan, 1986.

[48]David Goldberg. *Multicultural*[M]. Cambridge, CA: Blackwell, 1994.

[49]Vincent Price. Social Identification and Public Opinion[J]. *Public Opinion Quarterly*, 1989, (53).